心一堂術數古籍珍本叢刊

書名：風水靈籤怪談（第二集）
系列：心一堂術數古籍珍本叢刊　堪輿類　占筮類　第三輯　329
作者：齊東野
主編、責任編輯：陳劍聰
心一堂術數古籍珍本叢刊編校小組：陳劍聰　素聞　鄒偉才　虛白盧主　丁鑫華

出版：心一堂有限公司
通訊地址：香港九龍旺角彌敦道六一〇號荷李活商業中心十八樓〇五—〇六室
深港讀者服務中心‧中國深圳市羅湖區立新路六號羅湖商業大厦負一層〇〇八室
電話號碼：(852)9027-7110
網址：publish.sunyata.cc
電郵：sunyatabook@gmail.com
網店：http://book.sunyata.cc
淘寶店地址：https://sunyata.taobao.com
微店地址：https://weidian.com/s/1212826297
臉書：https://www.facebook.com/sunyatabook
讀者論壇：http://bbs.sunyata.cc/

版次：二零二零年八月初版
平裝

定價：港幣　九十八元正
　　　新台幣　四百五十元正

國際書號：ISBN 978-988-8583-40-9

香港發行：香港聯合書刊物流有限公司
地址：香港新界大埔汀麗路36號中華商務印刷大廈3樓
電話號碼：(852)2150-2100
傳真號碼：(852)2407-3062
電郵：info@suplogistics.com.hk

台灣發行：秀威資訊科技股份有限公司
地址：台灣台北市內湖區瑞光路七十六巷六十五號一樓
電話號碼：+886-2-2796-3638
傳真號碼：+886-2-2796-1377
網絡書店：www.bodbooks.com.tw
台灣秀威書店讀者服務中心：
地址：台灣台北市中山區松江路二〇九號一樓
電話號碼：+886-2-2518-0207
傳真號碼：+886-2-2518-0778
網絡書店：http://www.govbooks.com.tw

中國大陸發行　零售：深圳心一堂文化傳播有限公司
深圳地址：深圳市羅湖區立新路六號羅湖商業大厦負一層〇〇八室
電話號碼：(86)0755-82224934

心一堂微店二維碼

心一堂淘寶店二維碼

心一堂術數古籍 珍本叢刊 整理 總序

術數定義

術數，大概可謂以「推算（推演）、預測人（個人、群體、國家等）、事、物、自然現象、時間、空間方位等規律及氣數，並或通過種種『方術』，從而達致趨吉避凶或某種特定目的」之知識體系和方法。

術數類別

我國術數的內容類別，歷代不盡相同，例如《漢書・藝文志》中載，漢代術數有六類：天文、曆譜、五行、蓍龜、雜占、形法。至清代《四庫全書》，術數類則有：數學、占候、相宅相墓、占卜、命書、相書、陰陽五行、雜技術等，其他如《後漢書・方術部》、《藝文類聚・方術部》、《太平御覽・方術部》等，對於術數的分類，皆有差異。古代多把天文、曆譜、及部分數學均歸入術數類，而民間流行亦視傳統醫學作為術數的一環；此外，有些術數與宗教中的方術亦往往難以分開。現代民間則常將各種術數歸納為五大類別：命、卜、相、醫、山，通稱「五術」。

本叢刊在《四庫全書》的分類基礎上，將術數分為九大類別：占筮、星命、相術、堪輿、選擇、三式、讖諱、理數（陰陽五行）、雜術（其他）。而未收天文、曆譜、算術、宗教方術、醫學。

術數思想與發展——從術到學，乃至合道

我國術數是由上古的占星、卜筮、形法等術發展下來的。其中卜筮之術，是歷經夏商周三代而通過「龜卜、蓍筮」得出卜（筮）辭的一種預測（吉凶成敗）術，之後歸納並結集成書，此即現傳之《易

經》。經過春秋戰國至秦漢之際，受到當時諸子百家的影響、儒家的推崇，遂有《易傳》等的出現，原本是卜筮術書的《易經》，被提升及解讀成有包涵「天地之道（理）」之學。因此，《易·繫辭傳》曰：「易與天地準，故能彌綸天地之道。」

漢代以後，易學中的陰陽學說，與五行、九宮、干支、氣運、災變、律曆、卦氣、讖緯、天人感應說等相結合，形成易學中象數系統。而其他原與《易經》本來沒有關係的術數，如占星、形法、選擇，亦漸漸以易理（象數學說）為依歸。《四庫全書·易類小序》云：「術數之興，多在秦漢以後。要其旨，不出乎陰陽五行，生尅制化。實皆《易》之支派，傳以雜說耳。」至此，術數可謂已由「術」發展成「學」。

及至宋代，術數理論與理學中的河圖洛書、太極圖、邵雍先天之學及皇極經世等學說給合，通過術數以演繹理學中「天地中有一太極，萬物中各有一太極」（《朱子語類》）的思想。術數理論不單已發展至十分成熟，而且也從其學理中衍生一些新的方法或理論，如《梅花易數》、《河洛理數》等。

在傳統上，術數功能往往不止於僅僅作為趨吉避凶的方術，及「能彌綸天地之道」的學問，亦有其「修心養性」的功能，「與道合一」（修道）的內涵。《素問·上古天真論》：「上古之人，其知道者，法於陰陽，和於術數。」數之意義，不單是外在的算數、歷數、氣數，而是與理學中同等的「道」、「理」--心性的功能，北宋理氣家邵雍對此多有發揮：「聖人之心，是亦數也」、「萬化萬事生乎心」、「心為太極」。《觀物外篇》：「先天之學，心法也。……蓋天地萬物之理，盡在其中矣，心一而不分，則能應萬物。」反過來說，宋代的術數理論，受到當時理學、佛道及宋易影響，認為心性本質上是等同天地之太極。天地萬物氣數規律，能通過內觀自心而有所感知，即是內心也已具備有術數的推演及預測、感知能力；相傳是邵雍所創之《梅花易數》，便是在這樣的背景下誕生。

《易·文言傳》已有「積善之家，必有餘慶；積不善之家，必有餘殃」之說，至漢代流行的災變說及讖緯說，我國數千年來都認為天災，異常天象（自然現象），皆與一國或一地的施政者失德有關；下至家族、個人之盛衰，也都與一族一人之德行修養有關。因此，我國術數中除了吉凶盛衰理數之外，人心的德行修養，也是趨吉避凶的一個關鍵因素。

術數與宗教、修道

在這種思想之下，我國術數不單只是附屬於巫術或宗教行為的方術，又往往是一種宗教的修煉手段--通過術數，以知陰陽，乃至合陰陽（道）。「其知道者，法於陰陽，和於術數。」例如，「奇門遁甲」術中，即分為「術奇門」與「法奇門」兩大類。「法奇門」中有大量道教中符籙、手印、存想、內煉的內容，是道教內丹外法的一種重要外法修煉體系。甚至在雷法一系的修煉上，亦大量應用了術數內容。此外，相術、堪輿術中也有修煉望氣（氣的形狀、顏色）的方法；堪輿家除了選擇陰陽宅之吉凶外，也有道教中選擇適合修道環境（法、財、侶、地中的地）的方法，以至通過堪輿術觀察天地山川陰陽之氣，亦成為領悟陰陽金丹大道的一途。

易學體系以外的術數與的少數民族的術數

我國術數中，也有不用或不全用易理作為其理論依據的，如揚雄的《太玄》、司馬光的《潛虛》。也有一些占卜法、雜術不屬於《易經》系統，不過對後世影響較少而已。

外來宗教及少數民族中也有不少雖受漢文化影響（如陰陽、五行、二十八宿等學說。）但仍自成系統的術數，如古代的西夏、突厥、吐魯番等占卜及星占術，藏族中有多種藏傳佛教占卜術、苯教占卜術、擇吉術、推命術、相術等；北方少數民族有薩滿教占卜術；不少少數民族如水族、白族、布朗族、佤族、彝族、苗族等，皆有占雞（卦）草卜、雞蛋卜等術，納西族的占星術、占卜術，彝族畢摩的推命術、占卜術……等等，都是屬於《易經》體系以外的術數。相對上，外國傳入的術數以及其理論，對我國術數影響更大。

曆法、推步術與外來術數的影響

我國的術數與曆法的關係非常緊密。早期的術數中，很多是利用星宿或星宿組合的位置（如某星在某州或某宮某度）付予某種吉凶意義，并據之以推演，例如歲星（木星）、月將（某月太陽所躔之宮次）等。不過，由於不同的古代曆法推步的誤差及歲差的問題，若干年後，其術數所用之星辰的位置，已與真實星辰的位置不一樣了；此如歲星（木星），早期的曆法及術數以十二年為一周期（以應地支），與木星真實周期十一點八六年，每幾十年便錯一宮。後來術家又設一「太歲」的假想星體來解決，是歲星運行的相反，週期亦剛好是十二年。而術數中的神煞，很多即是根據太歲的位置而定。又如六壬術中的「月將」，原是立春節氣後太陽躔娵訾之次而稱作「登明亥將」，至宋代，因歲差的關係，要到雨水節氣後太陽才躔娵訾之次，當時沈括提出了修正，但明清時六壬術中「月將」仍然沿用宋代沈括修正的起法沒有再修正。

由於以真實星象周期的推步術是非常繁複，而且古代星象推步術本身亦有不少誤差，大多數術數除依曆書保留了太陽（節氣）、太陰（月相）的簡單宮次計算外，漸漸形成根據干支、日月等的各自起例，以起出其他具有不同含義的眾多假想星象及神煞系統。唐宋以後，我國絕大部分術數都主要沿用這一系統，也出現了不少完全脫離真實星象的術數，如《子平術》、《紫微斗數》、《鐵版神數》等。後來就連一些利用真實星辰位置的術數，如《七政四餘術》及選擇法中的《天星選擇》，也已與假想星象及神煞混合而使用了。

隨着古代外國曆（推步）、術數的傳入，如唐代傳入的印度曆法及術數，元代傳入的回回曆等，其中我國占星術便吸收了印度占星術中羅睺星、計都星等而形成四餘星，又通過阿拉伯占星術而吸收了其中來自希臘、巴比倫占星術的黃道十二宮、四大（四元素）學說（地、水、火、風），並與我國傳統的二十八宿、五行說、神煞系統並存而形成《七政四餘術》。此外，一些術數中的北斗星名，不用我國傳統的星名：天樞、天璇、天璣、天權、玉衡、開陽、搖光，而是使用來自印度梵文所譯的：貪狼、巨門、祿存、文曲，廉貞、武曲、破軍等，此明顯是受到唐代從印度傳入的曆法及占星術所影響。如星命術中的《紫微斗數》及堪輿術中的《撼龍經》等文獻中，其星皆用印度譯名。及至清初《時憲曆》，置閏之法則改用西法「定氣」。清代以後的術數，又作過不少的調整。

此外，我國相術中的面相術、手相術，唐宋之際受印度相術影響頗大，至民國初年，又通過翻譯歐西、日本的相術書籍而大量吸收歐西相術的內容，形成了現代我國坊間流行的新式相術。

陰陽學——術數在古代、官方管理及外國的影響

術數在古代社會中一直扮演着一個非常重要的角色，影響層面不單只是某一階層、某一職業、某一年齡的人，而是上自帝王，下至普通百姓，從出生到死亡，不論是生活上的小事如洗髮、出行等，大事如建房、入伙、出兵等，從個人、家族以至國家，從天文、氣象、地理到人事、軍事，從民俗、學術到宗教，都離不開術數的應用。我國最晚在唐代開始，已把以上術數之學，稱作陰陽（學），行術數者稱陰陽人。（敦煌文書、斯四三二七唐《師師漫語話》：「以下說陰陽人謾語話」，此說法後來傳入日本，今日本人稱行術數者為「陰陽師」）。一直到了清末，欽天監中負責陰陽術數的官員中，以及民間術數之士，仍名陰陽生。

古代政府的中欽天監（司天監），除了負責天文、曆法、輿地之外，亦精通其他如星占、選擇、堪輿等術數，除在皇室人員及朝庭中應用外，也定期頒行日書、修定術數，使民間對於天文、日曆用事吉凶及使用其他術數時，有所依從。

我國古代政府對官方及民間陰陽學及陰陽官員，從其內容、人員的選拔、培訓、認證、考核、律法監管等，都有制度。至明清兩代，其制度更為完善、嚴格。

宋代官學之中，課程中已有陰陽學及其考試的內容。（宋徽宗崇寧三年〔一一零四年〕崇寧算學令：「諸學生習……並曆算、三式、天文書。」「諸試……三式即射覆及預占三日陰陽風雨。天文即預

定一月或一季分野災祥，並以依經備草合問為通。」

金代司天臺，從民間「草澤人」（即民間習術數人士）考試選拔：「其試之制，以《宣明曆》試推步，及《婚書》、《地理新書》試合婚、安葬，並《易》筮法，六壬課、三命、五星之術。」（《金史》卷五十一．志第三十二．選舉一）

元代為進一步加強官方陰陽學對民間的影響、管理、控制及培育，除沿襲宋代、金代在司天監掌管陰陽學及中央的官學陰陽學課程之外，更在地方上增設陰陽學課程（《元史．選舉志一》：「世祖至元二十八年夏六月始置諸路陰陽學。」）地方上也設陰陽學教授員，培育及管轄地方陰陽人。（《元史．選舉志一》：「（元仁宗）延祐初，令陰陽人依儒醫例，於路、府、州設教授員，凡陰陽人皆管轄之，而上屬於太史焉。」）自此，民間的陰陽術士（陰陽人），被納入官方的管轄之下。

至明清兩代，陰陽學制度更為完善。中央欽天監掌管陰陽學，明代地方縣設陰陽學正術，各州設陰陽學典術，各縣設陰陽學訓術。陰陽人從地方陰陽學肆業或被選拔出來後，再送到欽天監考試。（《大明會典》卷二二三：「凡天下府州縣舉到陰陽人堪任正術等官者，俱從吏部送（欽天監），考中，送回選用；不中者發回原籍為民，原保官吏治罪。」）清代大致沿用明制，凡陰陽術數之流，悉歸中央欽天監及地方陰陽官員管理、培訓、認證。至今尚有「紹興府陰陽印」、「東光縣陰陽學記」等明代銅印，及某某縣某某之清代陰陽執照等傳世。

清代欽天監漏刻科對官員要求甚為嚴格。《大清會典》「國子監」規定：「凡算學之教，設肄業生。滿洲十有二人，蒙古、漢軍各六人，於各旗官學內考取。漢十有二人，於舉人、貢監生童內考取。附學生二十四人，由欽天監選送。教以天文演算法諸書，五年學業有成，舉人引見以欽天監博士用，貢監生童以天文生補用。」學生在官學肄業、貢監生肄業或考得舉人後，經過了五年對天文、算法、陰陽學的學習，其中精通陰陽術數者，會送往漏刻科。而在欽天監供職的官員，《大清會典則例》「欽天監」規定：「本監官生三年考核一次，術業精通者，保題升用。不及者，停其升轉，再加學習。如能黽勉供職，即予開復。仍不及者，降職一等，再令學習三年，能習熟者，准予開復，仍不能者，黜退。」除定期考核以定其升用降職外，《大清律例》中對陰陽術士不準確的推斷（妄言禍福）是要治罪的。《大清律例・一七八・術七・妄言禍福》：「凡陰陽術士，不許於大小文武官員之家妄言禍福，違者杖一百。其依經推算星命卜課，不在禁限。」大小文武官員延請的陰陽術士，自然是以欽天監漏刻科官員或地方陰陽官員為主。

官方陰陽學制度也影響鄰國如朝鮮、日本、越南等地，一直到了民國時期，鄰國仍然沿用着我國的多種術數。而我國的漢族術數，在古代甚至影響遍及西夏、突厥、吐蕃、阿拉伯、印度、東南亞諸國。

術數研究

術數在我國古代社會雖然影響深遠，「是傳統中國理念中的一門科學，從傳統的陰陽、五行、九宮、八卦、河圖、洛書等觀念作大自然的研究。……傳統中國的天文學、數學、煉丹術等，要到上世紀中葉始受世界學者肯定。可是，術數還未受到應得的注意。術數在傳統中國科技史、思想史，文化史、社會史，甚至軍事史都有一定的影響。……更進一步了解術數，我們將更能了解中國歷史的全貌。」（何丙郁《術數、天文與醫學中國科技史的新視野》，香港城市大學中國文化中心。）

可是術數至今一直不受正統學界所重視，加上術家藏秘自珍，又揚言天機不可洩漏，「（術數）乃吾國科學與哲學融貫而成一種學說，數千年來傳衍嬗變，或隱或現，全賴一二有心人為之繼續維繫，賴以不絕，其中確有學術上研究之價值，非徒癡人說夢，荒誕不經之謂也。其所以至今不能在科學中成立一種地位者，實有數因。蓋古代士大夫階級目醫卜星相為九流之學，多恥道之；而發明諸大師又故為惝恍迷離之辭，以待後人探索；間有一二賢者有所發明，亦秘莫如深，既恐洩天地之秘，復恐譏為旁門左道，始終不肯公開研究，成立一有系統說明之書籍，貽之後世。故居今日而欲研究此種學術，實一極困難之事。」（民國徐樂吾《子平真詮評註》，方重審序）

現存的術數古籍，除極少數是唐、宋、元的版本外，絕大多數是明、清兩代的版本。其內容也主要是明、清兩代流行的術數，唐宋或以前的術數及其書籍，大部分均已失傳，只能從史料記載、出土文獻、敦煌遺書中稍窺一鱗半爪。

術數版本

坊間術數古籍版本，大多是晚清書坊之翻刻本及民國書賈之重排本，其中豕亥魚魯，或任意增刪，往往文意全非，以至不能卒讀。現今不論是術數愛好者，還是民俗、史學、社會、文化、版本等學術研究者，要想得一常見術數書籍的善本、原版，已經非常困難，更遑論如稿本、鈔本、孤本等珍稀版本。在文獻不足及缺乏善本的情況下，要想對術數的源流、理法、及其影響，作全面深入的研究，幾不可能。

有見及此，本叢刊編校小組經多年努力及多方協助，在海內外搜羅了二十世紀六十年代以前漢文為主的術數類善本、珍本、鈔本、孤本、稿本、批校本等數百種，精選出其中最佳版本，分別輯入兩個系列：

一、心一堂術數古籍珍本叢刊

二、心一堂術數古籍整理叢刊

前者以最新數碼（數位）技術清理、修復珍本原本的版面，更正明顯的錯訛，部分善本更以原色彩色精印，務求更勝原本。并以每百多種珍本、一百二十冊為一輯，分輯出版，以饗讀者。

後者延請、稿約有關專家、學者，以善本、珍本等作底本，參以其他版本，古籍進行審定、校勘、注釋，務求打造一最善版本，方便現代人閱讀、理解、研究等之用。

限於編校小組的水平，版本選擇及考證、文字修正、提要內容等方面，恐有疏漏及舛誤之處，懇請方家不吝指正。

心一堂術數古籍 珍本 整理 叢刊編校小組

二零零九年七月序

二零一四年九月第三次修訂

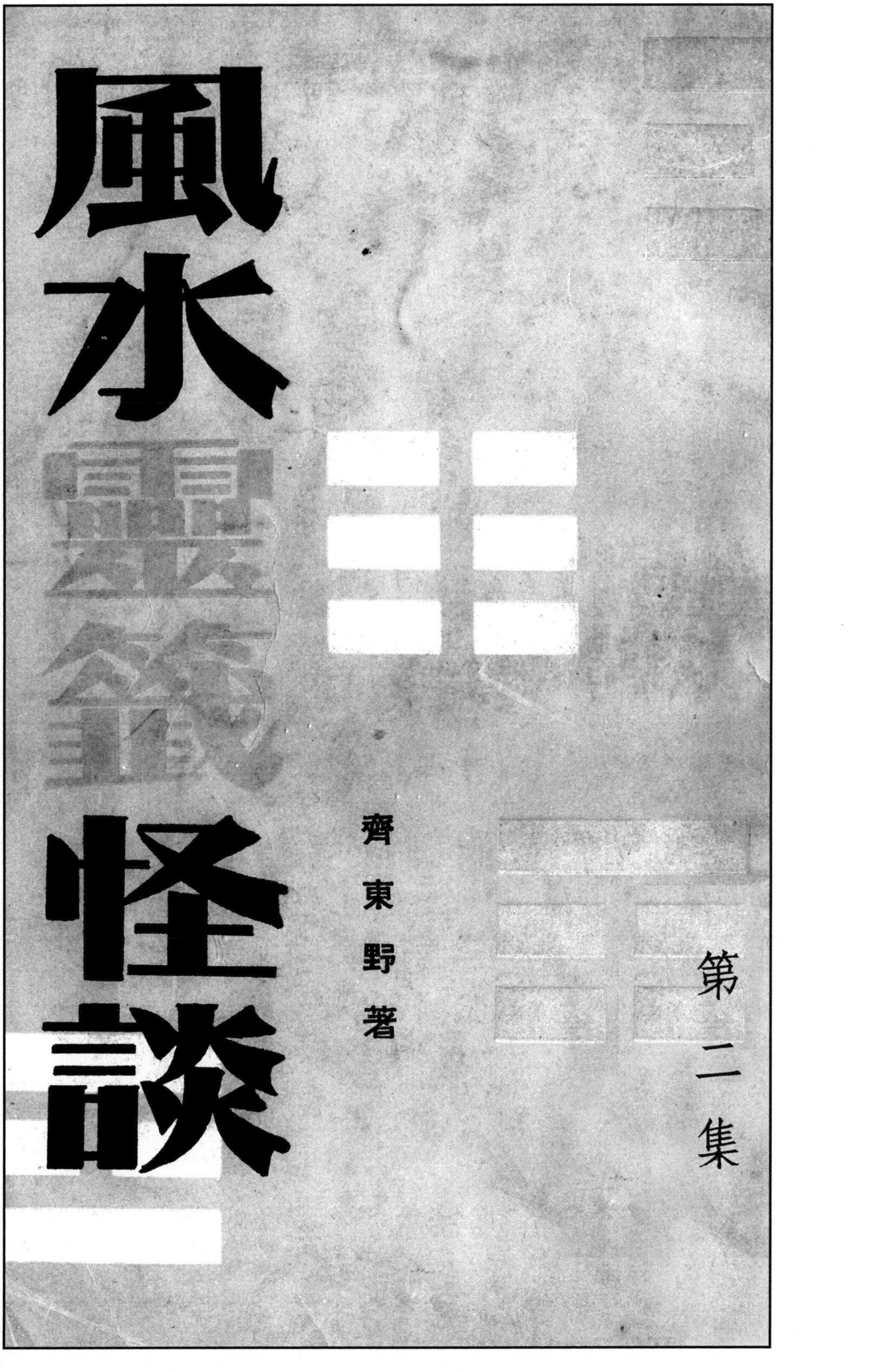

風水靈籤怪談
齊東野著
第二集

風水靈籤怪談

第二集

齊東野著

香港宇宙出版社印行

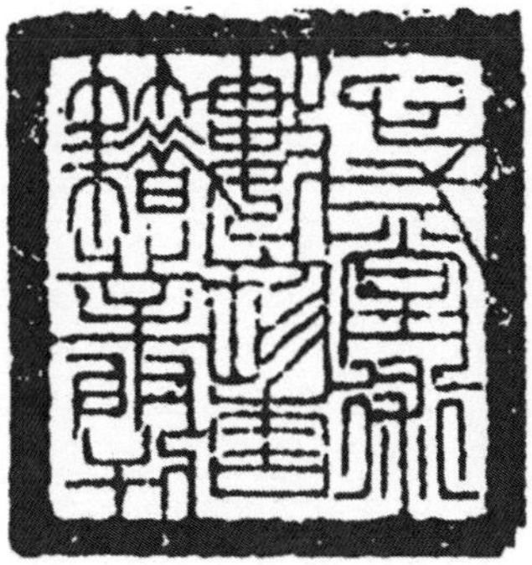

目錄

風水誌異

前清雍正皇帝時代，有一個名滿天下的將軍年羹堯，他的豐功偉績以及家庭故事，由他生前直到死後的清末民初，有二百年的時間，中國一般人仍喜歡把它作爲酒餘飯後以及教導童輩的談資。少時曾聽過年羹堯「喫福」有近神話的故事，對他難免油然而興無限仰慕之意，心想，做人能夠像他，實在太夠福氣了，也太榮耀了！

故事是說年羹堯爲四川總督時，有一次有個四川大富紳請他吃飯。當然所謂「滿漢全席」，在富紳之家的四川名廚之手，自然別有風味，並非北京故都之所能有。據說，在三十二道的豐盛菜式中，過半是年羹堯過去沒有喫過的。

年羹堯本是一個饕餮之客，講究飲食的人，當時他吃了佳肴，曾笑對那天請宴的主人說：「蘇東坡被貶去廣東時，曾有『日啖荔枝三百顆，不辭長作嶺南人』之句，而我今天難免也有『不辭長作四川人』了！」全堂賓主爲之大笑，而主人當更覺得無限的光榮了。

席間因那天菜式與衆不同，年羹堯問七問八，主人就一面爲他致菜斟酒，一面爲他講解菜名以及某些特別菜式的故事。

在許多他所認爲上品的菜中，有一碗叫做「鳳雀芙蓉羹」的他最欣賞，宴後一回到總督公館，就叫廚子明天起晚飯另加一碗鳳雀芙蓉羹，說是今天在某富紳家中才嚐得的。

公館廚子奉命惟謹，立即跑到富紳公館間請教四川廚師關于鳳雀芙蓉羹的做法。因爲年羹堯的廚子是由北京帶去，芙蓉羹北京有此菜名，而所謂「鳳雀」，到底是鷄與麻雀呢？還是另有一種四川的野禽叫做鳳雀呢？滿清時代不特官場講究禮儀，就是官家關係人員也愛講禮貌，總督公館廚師要向富紳公館廚師學習菜式，就是一碗菜式，也非具帖紅包送禮不可，因爲如果不這樣，他雖然會告訴你主要的材料，却不肯教你到家的製法，所以年羹堯的廚子帶了帖和紅包去，登時就學到了鳳雀芙蓉羹的做法了。

第二天起，果然年羹堯的晚膳吃到和昨天富紳家裏一樣的芙蓉羹了。他吃了覺得很奇怪，自己的廚子何以也會做得和他們一式一樣的呢？爲甚麽以前都沒有做這菜呢？於是他就問廚子是否以前就會做這碗菜。廚子直說是昨天才向富紳家裏學來的。

年羹堯知道這事是要花銀子拜師的，就問他花了多少銀子？廚子說，普通人只要三五両就夠了，但我們因爲是總督大人的廚子，要好看些，也要學得到家些，所以花了十両銀子。

年羹堯連聲說，「應該，應該！」一面就叫司庫的賞他二十両銀子。

從前官府的菜式，新的可以由廚子獨出心裁，隨時試廚，而舊的非得主人吩咐不得隨意更換的。這碗鳳雀芙蓉羹連吃十天了年羹堯還不肯換。第十二天廚子不得已叩見總督大人，請求將鳳雀芙蓉羹暫停一個月。

年羹堯看見廚子請求把鳳雀芙蓉羹暫停一個月覺得奇怪，為甚麽不做我所中意的菜呢？於是他就問廚子是何理由。廚子說材料沒有了。

當時一個封疆大吏的福食叫做「官廚」，每月開支多少都是由公家財庫支付的，公家有的是錢，那有伙食材料會沒有之理。年羹堯聽了更奇怪，就問「那碗芙蓉羹到底是用甚麽做的，會沒有材料呢？」

一個大人物或是忙人，雖然好喫，大都只管喫不管問，年羹堯也不例外，他連喫了十多天的芙蓉羹，還不知那東西是用甚麽做的。這自然比之一般人未喫先問價，開價不敢喫的有口福多了。

廚子答道：「那羹的主要材料是鷄與麻雀。」

話還未說完年羹堯就接着說：「鷄與麻雀不是很平常的東西嗎，為何會買不到？」

「叩稟老爺大人，那碗羹可口的就是有脆的有嫩的；那脆的是鷄舌，那嫩的是雀腦，開單的菜名叫做鳳雀芙蓉羹，其實就是「鷄舌雀腦羹」，每日一碗，最少要殺鷄五十隻，捕雀一百隻。現在，鷄倒可以買得到，而痲雀却捕不到了；在周圍一百五十里之內的痲雀已捕盡了，此時是夏天，捕雀的人要天亮前到百五里以外的鄉村去，又要在午後就動身趕回來才來得及晚餐備用，所以他們辦不到。因此只好請大人暫停一個月，等附近地方再有痲雀時再行烹製了。」

「原來是用鷄舌雀腦製的？」年羹堯很奇地說：「那末我每天要喫五十隻的鷄和一百隻的痲雀嗎？太罪過了，此後不再喫了！」

據說自年羹堯那天決定不再吃鷄舌湯起，四川成都就發生鷄瘟，而周圍一百五十里外的痲雀，也不飛到這附近地方來了。

現在我們當然知道鷄瘟之事乃人們故意的把年羹堯神化起來，或是一時的湊巧，但當小孩子們聽到這故事，對年羹堯此人的崇敬情形，實在也夠妙趣難言了。

因爲命裏有所謂「天厨貴人」，八字上見有天厨貴人的，其人必是好口福的人；當然也大都不是十分窮困的人。也許當時成都發生的鷄瘟也確有其事，因爲有此巧合，所以總督府中人就說年羹堯一定八字上是有天厨貴人的；既有天厨貴人，則貴爲封疆大吏，要喫就喫，這口福用不着節。

說也奇怪，據後來年羹堯決定每五天喫一次鷄舌雀腦時，鷄瘟也沒有了，麻雀又捕得到了。

由於總督府中人提到「天厨貴人」之事，使年羹堯記起少時聽過一件關于祖墓風水的事。他爲了記起故事，就叫人把他的八字給算命的看看命中有無天厨貴人。但算命的說八字上並無天厨貴人而且有相反的「奪食」現象。於是他就派人在成都尋找有名看地先生，要他到遼西省去看看他的祖墓有無甚麽毛病。爲甚麽當時年羹堯正是富貴之時，而會想到祖墓有毛病呢？

原來年家有一座古墓在遼西廣寧鄉下，據說這古墓與年羹堯本人的發達大有關係。（這故事我少時在北平就聽了一些的，後來我又碰到一個錦州北鎮縣人戎君——這些鎮縣是民國之後才改名的，就是滿清時代的廣寧，是旗兵駐鎮的地方——，又從他那裏聽到更詳細眞實的故事了。）

據說這古墓，是年羹堯祖父，父親和他自己曾三次想改造不成，至今還在，雖然荒蕪不堪，却時常都有人尤其是各地的堪輿家，若到了錦州，就必定要去此鎮看看年羹堯的祖墓的。

年羹堯的祖上原係漢人，不知何時到了滿州，又不知何故歸附滿洲變爲滿旗。當滿人入關前後，凡漢族人和蒙古人歸附滿族的，都和滿人一樣，縣入軍屬，給以旗號。滿族本只有四旗，後來擴爲八旗，再後來把漢人蒙人歸附的又擴充變爲二十四旗，我們指滿清爲旗下人就在此。

年家所屬的是漢軍鑲黃旗人，還有鑲藍鑲紅鑲白等旗的分別。從此可知年羹堯的上代就是軍籍，當然統率的高官都是滿人，漢人只是平民的軍人，世世是沒有什麽發達希望的。

大約是年羹堯的祖父，年青的時候畧知中國風水之說，就看了一些關於水龍山龍等堪輿的書，也漸漸能看一些陰陽宅的風水，有一天無意中他發現自己的祖墓有很好的氣局，子孫宜有發跡的氣象，而且可以貴到一品之尊。

然而事實上並無此事，他自知除非在戰場上立下殊功的，漢人永無出頭的日子。因此他就對風水之事起了很大的懷疑：明明是滿族的制度做成富貴，並不是什麽風水可以做成富貴的。

有一次他到了北京，在琉璃廠地方走過一家命館，門首寫明專門勘合陰陽宅的，他就順便走進去，把祖墓的氣局請教那地理擇吉先生。由於他對地理之學曾經研究，和那家命館主人談得非常投機，於是就決定請這位地理先生到錦州走一趟，看看那祖墓到底是否福地，或者其中有毛病。

經過這位地理先生一看，果然斷定是一塊福地，在堪輿格局上名爲「牝牡華蓋格」，福人入葬之後第三代應出文武全才，貴居一品之人。當時屈指一算，這第三代就是兒子年遐齡這一代。

不過，照這位地理先生的看法，由於這墓地的左龍壓住天池活水，將來得此風水的子孫，難免有負性傲物，雄心勃勃的缺點。又有一個毛病，就是既有「天廚」貴人拱照，又有「奪食」刼煞橫衝，將來子孫爲官，難免好吃又貪財。

依這位地理先生的意思，最好把左龍挹水的地方，以及墓地拱門畧加改造。但年羹堯的祖父以爲這些毛病既不是影响子孫的富貴，改造的福地不如天然的福地，就不主張改造。

惟是，當這位地理先生辭別時，曾對年羹堯的祖父提出勸告說：「最好不要急見兒子發達，若不把風水改造，將來子孫將因此而有罷官甚至殺身大禍！」

年羹堯的祖父，得那位地理先生的指點，對于祖墓的優點和劣點也都瞭然的，爲甚麽他偏不肯把墓地改造呢？其中有三個理由：

第一，他認定「福地福人埋」，先人不知擇地竟然埋到福地，不宜把它更改，而且更重要的，如果一改造，可能把他兒子的發跡延緩若千年。（這就是地理先生勸告他「不要急見兒子發達」的理由）

第二，他已受滿人的壓迫夠了，認爲子孫如果能夠得志，也應當驕傲，不妨雄心勃勃。

第三，由于風水關係，他自己就有幾分驕傲和貪心，便不覺這是缺點了。

不過，他旣明知風水上的這些問題，所以對地理先生所警告的話「若不把風水改造，將來子孫將因此而有罷官甚至殺身大禍，」也不能不存有戒心，所以他後來也曾把這話告訴他的兒子，勸戒他做人不可驕傲，不可貪心；同時也把如何改造祖墓的做法告訴兒子，說是如有機會，可把祖墓畧加改造的。這是年羹堯祖父想改風水而沒有改成的第一次。

那時候是清初順治康熙年間，開科取士尚未實行，年羹堯的父親也才是弱冠之年；雖然地理先生說是祖墓的好風水要在這時代起發跡，究竟是一件不可想像的事，一個漢族的旗下平民，要想發迹登雲，幾乎近於妄想。

不過，當時滿洲人也有入官的一途，滿洲語叫做「筆帖式」，就是寫字人的意思，也就是今日的「書記」，文人要想入官，不是靠考試，而是要到官府裏去當「筆帖式」，如果文字好，人緣佳，慢慢也可以一步一步高陞的。不過，要由書記陞至大官，當然也是接近幻想妄想的事。

年遐齡此時爲着取得較好的職業，爲着要走走文人惟一有希望的前途，只好聽他父親的意思去當筆帖 式了。他的父親雖然不是一個有學問的人，但對于人情世故却很深知，他不會把祖墓風水之事告訴兒子，只時刻叫兒子做人不可驕傲，不可貪心。

同時，爲着要使祖墓的風水能在兒子年遐齡身上應驗，使自己能夠享到福氣，就不時上山打掃墓地，又在墓地周圍種木栽花。這古墓裏埋着兩代人，即他的祖父母和父母共四人。

依風水的世代計算，祖父母葬後的第一代承受風水的人是他的父母，第二代是自己，而第三代則是兒子年遐齡了。而年遐齡的生來相貌和智慧也似乎顯有與其他子弟不同之處。

風水先生是說第三代起開始發迹，他不敢希望年遐齡就會做到高官，只希望能比漢人出人頭地，能有一官半職也就能夠滿意了。

事實上確然很奇怪，年遐齡由當筆帖式起，中年竟陞遷爲兵部主事，後來又步步高陞，自康熙中葉開始，累官至湖廣巡撫，官居一品了。當年遐齡兵部主事外放爲外官時，因恐有貪贓的機會，他的父親除告誡他外，就把改造祖墓的事告訴他，目的要免下一代有災禍。

當年遐齡陞遷至湖廣巡撫時，年羹堯已經是康熙年間的進士了。年遐齡自己曉得算命，他曾把自己和兒子的八字合算過，看出自己晚運有一年和兒子都會進封加爵光榮無比，但又看出第二年父子兩人會同遭厄運，顯有罷官奪職之事發生。他記起父親曾有遺囑，若發現子孫有德性上或命運上的缺陷時，就要把祖墓的左龍挹水和幽堂的拱門加以改造。於是有一年他就在湖南覓到一位地理先生，派人陪他到故鄉去看祖墓。

地理先生回來報告說，祖墓的風水此時正是「牝牡華蓋」全盛的時代，十年廿載之內，將是功蓋天下，位高王侯之時，絕對不宜妄動土木，致招意外之事。地理先生既然如此主張，年遐齡也就算了。這是年家想改造祖墓風水第二次未成。

過了幾年，年羹堯步步高陞，累官至四川總督，定西將軍，平定西藏，授川陝總督等要職。當他奉旨爲四川總督時，他的父親於臨行曾告誡他一事，大意是說四川乃天府之國，富庶之區，切戒貪贓枉法，有負聖恩。

另一事是關于祖墓風水之事，說祖墓的風水有好有壞，好的是福蔭子孫榮華富貴，壞的是子孫秉性驕傲貪心。他說，他自己之所以一生謹愼切戒此二事，爲的是遵守祖父的遺言，欲以人力去補救風水的缺點，如果你自己做不到，那就要尋覓堪輿名師去把祖墓的壞風水改造的。所以當年羹堯初到成都不久，因算命的說他八字有「奪食」的毛病，因而想起臨行時父親所說的話；因爲當時官場和紳商之間諸多黑幕，當地富紳每每利用財勢勾結官府，年羹堯一到任就被錢財所惑，暗中接受了當地紳商的「見面禮」，暮夜撫心自問，不責備自己的貪心，而歸咎於祖墓的風水，所以就找到一個地理先生去看祖墓了。這就是那位戎君所說他們第三次想改風水的故事。

這位四川的堪輿先生看了年家祖墓之後回到北京時，剛好年遐齡在北京，他就進見年遐齡，報告勘察風水的經過。他說，祖墓的風水好的和壞的都已形成了，這也就是說，在年遐齡父子身上已經定型了，改造往往只是破壞，無法改造也不可能改型。

他說，風水原是可以改造的，但必須在未成形以前改造，並不是隨時改造都有效的。

當時年遐齡曾與這位四川堪輿先生談到兩個問題：一個是這風水的氣數問題，此時是否就是「極盛」之時，而這種極盛是否就要轉入「極衰」？第二個就是年羹堯的命運問題，是否有當「極衰」其衝？果是的話，將有何種的局？關于第一個問題，地理先生說，山龍水龍原有盛衰的氣運。或由衰轉盛。或由盛轉衰，以年家的祖墓論，此時確是

「極盛」之時，但未必就要轉入「極衰」，這要看墓中之人的生前福德如何，如果福德厚，全盛可達數百年之久，以周朝和唐代的帝系爲例。但是，他說，如果墓中之人生前缺德，福地也會變成敗地，而且由全盛到衰敗，有的是漸變，有的是突變，這都與墓中人和承受風水的生人平日行爲有密切的關係。

至于第二個問題關于年羹堯的命運問題，據地理先生說，依他從祖墓前面三里地方的水龍氣勢以及墓上的泥氣和花草色澤來看，似有「全盛欲絕」氣數。因此，他懷疑墓中人的第一代即年遐齡的曾祖是福德之人，而第二代即遐齡的祖父恐非福德之人，否則像這樣「牝牡華蓋」的大福地，不至於這樣快地就要衰敗的。

這位地理先生的一席話，不啻對年遐齡講授了風水原理的一課。他對地理先生最後所說的「懷疑墓中人第二代的恐非福德之人」一語大有所悟；因爲他知道祖父生前確然不是一個善人。他會見過祖父，因爲額上有一塊白斑，被鄉人綽爲「白額老虎」，人們一碰着他就要倒霉意思。

因爲這是外人不知之事，竟然被這位地理先生說準了，於是他反問說：「縱使墓中人有一代恐非福德的話，爲甚麼一定說是第二代而不是第一代呢？」

地理先生解釋道：「經上說，『福地福人埋』，今此地乃『牝牡華蓋格』的大福地，先得埋此地的必係福人，非福人不能埋入；至於第二代，大都是叨先人的福蔭隨葬的，所以敢作此判斷。」

年遐齡聽了認爲此言大有道理，於是就向地理先生請教，如果確係此種情形的話，有無有效的補救辦法？地理先生此說，惟一的辦法就是要把他遷葬。其次就是要子孫能夠功成身退，不可居功，更不可野心。把祖先遷葬，本來在民間也不是一件尋常的事，大都是犯了「養屍」、「風沙」、「十敗大煞」等，家中死了人才逼不得已的，至於像年遐齡此種大貴之家，把祖先遷葬，而且是部分遷葬，必定會引起人們議論的。但爲了全家富貴得以保全計，年遐齡也想到用秘密遷移的辦法，不讓外人知道。但是，當議到遷葬時，又發生一個難題。

因爲此墓風水正是全盛之時，不宜大動土木，若要遷移，必須從墓後離墓五丈之外鑿井而下，然後再横鑿至墓穴，把棺木移出，就可免動土木之害。但是，事實却不可能這樣做；因爲墓中所埋的是實回壙，該兩壙是年遐齡的曾祖父母；前兩穴是祖父母，由墓後地下鑿孔通至墓道，要移動前兩壙就必先移動後兩壙，這便成爲大忌的破土了。因此年遐齡與地理先生最後商定只好放棄遷移計劃，聽其自然變化。

第二年，大概年羹堯接到父親的手示，對于祖墓風水之事頗見關心，又請了一位地理先生去看。回來時秘密向年羹堯報告說：「此墓風水正在全盛之時，墳墓本身無須改造也不宜改造；但有一事，如能將墓前兩里處的兩個小村落移去，水道加以改流，則榮華富貴，奚止封侯！」

這位地理先生的新看法新建議，却使年羹堯聽得笑逐顏開了。他想，依他年某的家世財力，就是二十個村莊也不難遷，何況只有兩個小村莊。於是他就低聲問：「你剛才所說的『榮華富貴，何止封侯』是何解釋？」

地理先生更低聲地說：「以現有的風水論，我公的封侯乃不出五年之事，若能依我的建議，則十年後，我公的黃袍加身，殆無疑義！」

年羹堯聞言佯作不悅之狀，說：「請你不要妄言，我是旗人也是忠臣，能夠爲國建功，報答聖君於願足矣，黃袍加身，亦無此事！」

「是，恕我說得太過了！」地理先生又解釋說：「我是照堪輿經上和我們堪輿家所傳說的說，並不是我放大胆有所妄言。」

「你根據的是什麽？」年羹堯問。

地理先生答道：「我知道宋太祖趙匡胤的祖父埋在涿郡鄉間的古墓，也只是『牝牡華蓋』，比總督大人的祖墓，所好的就是前面沒有民居，水道分左右兩派而已，現在若把令祖大人的墓前兩村移去，水道稍加改換就成了。」

地理先生又解釋說：「我們學地理的只能言地理，有此現成大好福地，棄之何等可惜！」

這次談話之後，年羹堯雖不再和這位地理先生見面，却派人去北京找一個地理先生，又派人回鄉把那兩個村落搬移他處，兩村土地全部買下，請地理先生把水道改爲左右兩派。事先他的父親原也反對，因年遐齡自己心中明白，祖墓將來風水的敗壞，全繫於墓中人祖父身上，禍猶未解，福將何求？但因當時年羹堯不敢把自己心中之事告訴父親，只說有個高明的地理建議如此做法可以免禍，年遐齡心想，自己年事已老，來日無多，免禍之事關係兒子事大，就只好隨他去做了。

不久，年羹堯於雍正元年，因邊疆青海羅卜藏丹津叛亂，以川陝總督領定西將軍銜統軍討伐。

第二年，雍正皇帝授以撫遠大將軍，討平青海叛亂，加功宇內，名震天下。亂平論功行賞，皇上封他「一等公」，進封「太保」；同時也加封年遐齡爲「太傅一等公」。這時年遐齡希望兒子能夠功成身退，得保光榮。

那知年羹堯因功高奪主，日益驕恣。就當時情勢論，西北邊陲全權在握，頗有趙匡胤當年陳橋兵變，黃袍加身之勢。

結果呢，封「一等公」只一年，雍正皇帝因有所聞，忌他功高奪主。剛好內外諸臣也因年羹堯的驕恣無禮，各各上書彈劾年羹堯，列出他欺君叛國等大罪多至九十二條。因而雍正帝大怒，下詔「年羹堯賜死！」而其父年遐齡以年老之人也因子罪剝奪所有官職封銜。

像這年家祖墓的風水事實，風水道理的奧妙固非吾人之所能解說，但其興敗變化如此劇烈，其一：關係於年遐齡的祖父非福人不能埋福地；其二：關係於年羹堯自己不能抑止驕恣與貪圖，乃有一代功臣，死于非命的慘局！

關于風水之事，依堪輿家的一貫說法，人事完全受地理的支配。這道理當然說得通。老子道德經曾說：「人法地，地法天，天法道，道法自然。」人生必然要受「天地自然道理」所支配那是毫無疑義的，也無法逃避的。

在老子以前，中國古人早已發現山川的風水與生人有密切的關係，所以在易經裏面所說的「八卦」基本的原理就是代表「八方」的地理所發生的風水形象，及其與生物和人事的關係。

有一部為研究堪輿的人都知道的書叫做「地理玉髓眞經」的，把人生與風水關係的道理說得非常淸楚。但是，原則上雖然生人的形象，相貌，前途和子孫等事都與「葬地」和「住宅」有其依托的關係；而另一個原理，也好像相書上所說的「相由心生，相由心改」的說法，不是人的一切前途吉凶休咎等都被命相完全支配，人也可以用「良心」和「善行」把惡相改過來的；因此風水之說也有同樣情形，即所謂「福地福人埋」，「吉屋吉人居」，善人可以把敗地變爲福地，惡人也可能把福地變爲敗地的。

這道理也不難明白；因爲生人與地土原是一體的，地理上的風水既然可以影響生人，而生人的德行當然也可以影響風水的。

不過，由于地理的影響力量大於個人德行力量，所以風水影響人乃較速，而生人德行影響風水較緩罷了。通常風水影響生人相貌和前程，快的要經過一代，慢的要有三代的時間；而影響一般人事如身體健康和行事順利之類則比較快，有的一年甚至一個月之後就可以見效的。至於生人的德行影響風水，最少要經過一代，通常則要經過三代才能見效的。

此類福人能把敗地變爲福地的事實，堪輿家很少有記載，原因是地理先生大都偏見，只是向風水推求，强解，不知向人事上追究。現在試舉中國大文豪歐陽修祖墓的風水來說，就屬這一類的風水。歐陽修的祖先世居江西永豐（吉安縣）的沙溪。曾祖歐陽郴，家境貧寒，曾聞風水先生說他的祖墓有毛病，要使子孫能長壽又發達，非把祖墓左隣別人的祖墓右墓手處種下一顆鐵樹不可。

歐陽郴就問地理先生，如果把他種下鐵樹，我家何時可得發達？對別人有無大害？地理先生說：「你的兒子就可以發達。」

他又問：「如果不把祖墓風水改造，要想子孫發達，還有別的方法嗎？」地理先生答說：「經言：『福地福人埋，福人埋福地！』只要你和你子都能夠行善積德，那末，你們所埋的地便是福地，你的孫子就會發達了。」

歐陽郴心裏想，若去改造祖墓，害了別人風水，兒子才能發達；若是自己行善積德，不必害人，我自己既可得到福地，孫子也就可以發達了。而且，把鐵樹種在別人的墓手上，將來若被別人發覺，把鐵樹一拔，風水不是又變壞了嗎？

因此歐陽修的曾祖就決定不去改造祖墓的風水，決心自己並教導兒子去行善積德了。由于這個決定，他和他的兒子歐陽偃，就是歐陽修的祖父，兩父子都被沙溪鄉里稱爲善人。歐陽郴死後也就葬在那風水有毛病的祖墓裏。果然，他的孫子歐陽修的父親，就開始發達，是宋朝咸平年進士，歷任泗錦二州推官，秦州判官。

至于歐陽觀之爲人，依中國人名大辭典的記載：「歐陽觀，盧陵人，字仲賓。少孤力學，性仁孝。歲時祀先人，必涕泣曰：『祭之豐，不如養之薄也。』登咸平進士，歷泗錦二州推官；常秉燭治官書，屢廢而嘆。妻問之曰：『此死獄也，我求其生不得抱！』生子修，方三歲，乳者，立於旁。觀曰『術者謂我歲行在戌將死；使其言然，吾不及見兒之立也，後當以我語告之。』官終泰州判官。」

這是根據歐陽修著名的「瀧岡阡表」文中所述的為根據，當然最為可靠。於此亦可看出，歐陽修雖然少孤力學，出身寒微，而能仁孝如此，實由於酒祖酒父的積善以及善於教養所致無疑。

歐陽修生四歲就喪父，父葬瀧岡，其父墓的風水與教育與歐陽修無關；就表面說，歐陽修的成人得力於賢母之力。然而歐陽修在瀧岡阡表中，叙述他原蒙皇恩的寵賜，追封到三代，即由曾祖歐陽郴起都賜爵封官，他說明的理由也追念到祖先的積德。

把他這一段文字譯為語體，就是這樣說：「唉！為善沒有不報之理，只是時間上有遲有速罷了。我的祖先積善成德，應當享此隆恩；雖然他們生前沒有享受到，而賜爵受封，歷有三朝的恩典；這也夠表揚於後世，而庇蔭他的子孫了！」

由歐陽修的曾祖起積善成德，把祖墓有毛病的風水改變了；自歐陽修的父親起發達，到歐陽修本人而全盛。我們從歐陽修父親生前當法官而勤求死囚的不死理由，可知他有特別積德的地方，也可以證明這由於乃祖乃父教養之德；所以歐陽修得以一代文豪名臣，流芳百世之盛，而其子歐陽發，雖不治科舉，亦有文名。同時也以父恩，得賜進士出身，官至殿中丞。至于孫于以後，就無所聞了。

從這裏也可以看出地理風水之說所謂個人積德影响三代之說確是事實。由於歐陽修曾祖，祖，父三代的積德，造成父，子，孫三代的發達。至子歐陽修本人，雖係一代名臣文豪，而他既有「不能烏合於世」（其母語）的毛病，在官海浮沉，政治鬥爭中，又無特殊的積德，所以他的第三代以後便無聞了。這並不是說積德的人只能影响風水到第三代而止，而是說一般人的積德都不太大，所以他所得的福地也不太大。當然，若能像文王武王的德行，就能福蔭子孫至於數百年之久了。這帝王百世之福地，其風水自又當別論。

再談歐陽修的一家人的壽命說，雖然他們的祖先把風水改變了，使子孫可以發達；但子孫壽命不大則似乎尚未能改變。歐陽修的父親已是「少孤力學，」而歐陽修自己四歲時喪父，父親也不過五十九歲。從世譜上可知道的，只歐陽修個人活到六十六歲；而他的兒子歐陽發死時也只是四十六的中年人。

在風水上說，長壽與多福是兩件事，有的墓是長命穴，有的是發福地，有的是福壽雙全，這要看風水的不同，也要看埋葬在裏頭的人的福德如何了。

又有一事，風水上有所謂「常吉」和「大吉」之別，如歐陽修則屬於後者，由曾祖到父親經過三代的積德，到歐陽修不特個人貴富享大名，又能褒及三代，這便是大吉了。

但因原來他祖墓風水有毛病，所以所影響的風水也有限，只在歐陽修身上福壽齊全一下而已。如果是福地兼福人的話，那末他的子孫就會經常福吉數代不絕的。

再有一事，隴岡阡表中所述歐陽修父親對母親所說的「術者謂我歲行在戌行將死」一節，果然死於宋眞宗的庚戌年，亦足見一個人的壽命長短和風水也確然有關係。

歐陽修出生後他的父親才埋葬於隴岡，縱有好風水吃不到歐陽修身上；隴岡墓地的外景可能很好，但談歐陽修以及後代的情形看，可知那墓地並沒有什麼風水。所以歐陽修應屬於「暴發」了。

不唯墓地風水與生人的積德有密切的關係；即住宅的風水，也與生人的善惡有密切的關係。根據風水書「陽宅十書」所說的道理，生人住陽宅比死人葬陰宅的關係更密切。

墓地風水對生人只有「生理」上的間接影響，而住宅風水對於生人則有生理「兼心理」上的直接影響。陽宅的風水可分爲「明」的和「暗」的；「淺現」的和「奧妙」的；如光線開亮，空氣流通，地勢適當和交通便利之類，就是屬明的，淺現的風水而爲吾人常識上所能知曉的；至於暗中的，奧妙的，屬於五行和方向等關係的，那就要讓堪輿家才能知曉了。

關於住宅與生人善惡有關係的事實，現在也舉宋朝一兩個知名之士說一說。

宋眞宗皇帝時與歐陽修同時有一個宰相名叫王旦的，他之所以能爲宰相，就是由於吃住宅風水而來的。王旦父親王祐，是山東莘縣人，宋太祖時候曾任潞州知府，他數世都住在莘縣的祖宅裏面，那祖宅當然是破舊不堪。當他還未出生時，他的父親因爲數代都是業農不曾發達，就請一位風水先生去看祖墓的風水。

地理先生說祖墓風水還沒有什麼毛病，只不是一個發祥得福之地，子孫要發自己努力才能發達。他也覺的，別房兄弟不住在這祖宅裏的，却也經商發小財的，考試中秀才的，惟有自己這長房住在祖屋裏的，幾代了也不曾小富貴過。因而就想到祖宅風水問題了。

果然請風水先生一看，說是這祖宅風水有兩個毛病：第一毛病是地勢太低，只差一尺地，吃不到對面山頭「紫氣朝陽」的風水，所以子孫不能發跡科舉上有功名；第二毛病是天井庭地坐煞，還好方向不正，家中不至死人，但因坐煞，所以子孫不能聚財。這兩件毛病都無法改造，既不能把地勢填高一尺，又無法把天井改換方向。

於是王祜的父親就對地理先生說，我們既不能把風水改造又不能不要這祖屋，那末我們的子子孫孫難道就永遠這樣業農貧窮下去，沒有發達的日子嗎？

風水先生看那祖屋的風水實在無法改造的，就一面安慰他，一面勉勵他說：「經上說：『吉屋吉人居，吉人居吉屋，』如果你們能多做好事，一家人都能安貧知命，快快樂樂和和順順地過日子，慢慢也可以把屋運改轉過來的！」

王祜的父親聽了這話却得到很大的安慰。他認為風水之事大半是屬於「可遇不可求」的，而做好事，和順快樂過日子却是可以自己勉力的，於是他就採納了風水先生的意見。

不久他就生子王祜。一個鄉下的窮農民生一個兒子原是極平凡的事，不見得有什麽喜樂的。奇怪的，由於一家人接受風水先生的話，實行和順快樂的關係，對於王祜的出生好像特別有希望，做三旦那天也請算命先生來「定時」，又請道士來家做「報喜」。

更奇怪的，算命先生把才出生三天的王祜定時之後，就對他們的父親說：「此子壬騎龍背正格，將來長大必作高官。」雖然這不過僅僅是算命先生口中的一句話，却使王祜的父母和家人得到無上的安慰。

他們決定不再使王祜務農，要他去讀書，不管算命先生說的靈不靈，總要把這個孩子作一個讀書知禮的人。

果然王祜長大讀書成人，有了功名，做了潞州的知州。最重要的一事，就是他父親對他的教管，要他做一個有德行有學問的人。父親當然也把這祖宅風水上的毛病告訴他，說是我們應當以自己的積德去補救這風水上的缺陷。

王祜做了潞州知州之時，也曾請過著名的風水先生再看過這祖屋的風水。當然他希望自己能夠做更大的官。但是，這位由潞州請來的風水先生却大胆地對他說：「你可以做現在更大的官，但無論如何不能做最大的官。」理由是這屋子本身風水有毛病無法改造，若專靠生人的積德和善樂，必須有大陰德才可以使住宅風水轉變，影响子孫的相貌稟性得有大富貴的希望的。

地理先生就勸他務於在自己任官之內積德，也只能以後在兒子身上大發達，本身是不可能的。

不久，因節度使符彥卿被劾，朝廷派他代符彥卿鎮守大名府，到任後就察訪關於符彥卿的事。符彥卿本係唐代的遺臣，是唐宋的名將。在前朝已拜居太傅，封爲魏王。有謀善戰，入宋之後，遼人畏憚，稱爲符王。

王祜查明符彥卿爲臣忠，爲人仁，不特有謀善戰，所得朝廷賞賜，都分給士卒，不敢自厚，所以將士用命，人樂爲之用。當時符彥卿節度北方，軍權在抱，一旦被劾去職，若罪名成立將有殺身滅族之禍。王祜察知此情，不忍一個善人忠臣被劾，他就上疏朝廷，願以一家生命證明符彥卿無罪。果然符彥卿乃得免於刑戮。因爲此事，王祜之名震動朝野，世人都說王祜大有陰德。

有一次回到家裏，又在家中空曠的天井庭中種了三棵槐樹。他自己並沒有說明爲甚麽要種槐樹。家人也以爲因爲天井空廣的緣故。

他手植槐樹的時候，自己曾自言：「吾子孫必有爲三公者。」這話未免是誇口又自祝的話，因爲所謂「三公」，乃宰相或大將軍以上被封爲「太師，太傅，太保」賜爵之謂；這未免太奢望了。

但是，事實也確然很奇怪，他的次子王旦，果於宋太宗初年以進士出身，到了眞宗時代，位登宰相，進封太保。這時候朝中上下人等以及山東全省街談巷議皆以王家的風水爲題，有的說那祖屋的風水乃由王旦的祖父起就有陰德了，繼以王祜救了符彥卿的一家，所以因人行善陰功，把風水由壞變好了。有的說，由於王旦的父親在天井中手植了三棵槐樹，因而把風水改變了。有的說那祖屋的對面山頭有煞，自王祜爲節度使又陞爲兵部侍郎之時，家中門首上懸了一塊奉旨的牌額，所以把凶煞制伏了。

後來有很多出名的地理先生，都到過那王家屋（先是進士第，後又改爲宰相第的）去研究風水問題。很有趣的有兩件事：一件事是天井中王祜所手植的三株槐樹，在王祜生前就被天下文人稱爲「三槐王氏」，加以風水之說，就特別引起一個風水先生的注意。

由於王祜手植三槐時有一塊碑記立在庭中，風水先生就爲碑記中所栽的手植年月日時，和那天井所坐煞的合起來研究，就發現王祜植槐可能有其改造風水的作用。因爲那天井因方向不正，所坐的煞叫做「土鬼」煞，又名「塊煞」；種槐那天時辰，是那「塊煞」最弱的時辰，因而以木尅土，王祜大概知道五行之理或者別的風水先生教他，就用代表「木鬼」的「槐」樹種下去制那土煞了。這是一種說法也可能是當時的事實。

不過，這一說對於制煞可以，對於王旦之爲宰相封公並無關係；因爲制煞只能除禍，不能造福。因而另有一個地理先生用羅盤針一看，竟然發現另一件事，就是從前當王旦的祖父時代地理先生所說的對面山頭「紫氣朝陽」的風水吃不到，而現在竟然吃到了。

這是一個驚奇的發現，因爲這必定由於屋地高了一尺，或是對面山頭高了一尺，這風水才能吃得到。同時，這位地理先生就天井方向不正的度數看，認定當年建屋曾請過風水先生勘定，現且是可以吃到對面山頭的風水的。

這位風水先生敢於如此判斷很有明見。因爲天井方向不正所以坐煞，就是由於當時要把大門朝準對面山頭，否則天井就可以不坐煞了。由于當時可以吃到那「紫氣朝陽」的風水，所以天井坐煞就不足爲害。否則這屋不必如此坐落，既吃不到對面的好風水，而又天井坐煞。因而就產生一個新問題，就是當年對面山頭和現在一樣高，後來低陷了一尺，從王旦的祖父到現在又高起來了。這個有趣的問題引起當時很多有識之士的興趣。有的人說這是由于王旦的祖父和父親的積德而來；有的說這是由于莘縣有火山脈經過地下，山頭可能忽高忽低。總之，風水轉變確是事實。

除了上述的兩件事外，多數的風水先生都認定，這風水的轉變既係事實，則所應當被重視，的是住在那屋子裏面生人的積德問題。這問題從王旦的祖父起從鄉里和王族人的傳說以及公開的事實，已經證明王旦的父親和祖父確然是一個善人了。就積陰德和成陰功論，暗中行善比明中行善更爲重要。

就王祜能以一家生命去担保素不相識人符彥卿一家這一事實看，其暗善必定更多。

眞正行善的人，不特具有一種「善毋望報」的心理，而且是不自覺爲善。何以知道王父子三代必有暗善呢？

根據宋史王旦傳的記載，說王旦乃宋代一個當國最久的忠臣。他是自宋太宗太平興國五年進士，到宋眞宗年間卒於宰相任內，前後約有四十年歷史。生前進封太保，死後加封魏國公，謚文正，可謂極人臣之榮。

舉宋史說他爲人的情形，說：「旦當國最久，事至不膠，有謗不較。軍國重事，皆預參決。荐引朝士，不令其人自知。」

他身爲相國，能對毀謗他的人不計較，這是何等量度？他有權在皇上面前引荐朝士，而不令其人知道是由他引荐，自己不居功，使人臣都向皇上感恩，這是何等情懷？這一切，都要歸到有其父必有其子；有其祖乃有其父；這也便是王家祖宅風水改變最正確而可靠的理由了。

不過，風水由盛而衰乃不免之事，這也有自然和人事的兩種理由：自然的理由就是地氣原有盛衰的轉變，這轉變的時間比較長；人事的理由就是家族到了全盛時候，必定開始走下坡的。

就人事的理由來說，風水由盛而衰有兩種現象：一種是漸漸衰落，那是比較平凡的：二種是全盛之後立即衰落不繼的。

這其中有好幾個原因：一種是自然地氣的突變，有的高明地理先生也能在墓地宅地周圍的水土氣色，草木顏色預先看出來，也還有一種在墓地或住宅對面高處從觀察地墓或住宅的氣色的情狀也可以看得出的。二種則是風水的被破壞，不論有意的或無意的被破壞，快的在幾個月內，慢的在一二年內，就會突然災禍來臨由全盛變爲慘局的。

風水的突然變化，除自然地氣的突變或風水的被破壞外，由于人事關係的也有兩種：一種是由於生人缺德作惡，或是可以行善而不行善，這都可以把原來墓地或住宅的好風水變壞的。另一種則是俗稱所謂把好風水吃盡了。這事實從歷史上有許多偉大人物的事實看便可明白。極大多數的大人物，他的極盛都止于他本身，他的兒子就寂寂無聞了。

除帝系的特殊情形外，諸如孔子、孟子、關羽、岳飛等古代文武名臣，以至於現代的如康有爲、章太炎、袁世凱、黎元洪，以及美國的華盛頓、林肯、羅斯福，甚至日本的伊籐博文，中國的嚴復，意大利的莫索里尼，德意志的希特勒，印度的甘地，俄國的史太林，可以，說百分之九十以上，他們的兒子都不能繼承父業而歸於衰微了！這事實，除了把好風水被他們一人吃盡了作爲解釋外，並無別的更好的理由。

就王旦此人來說，他眞是享盡爲人臣的榮耀。他在做宰相時可以說所有皇上任用大臣沒有不問他，而他所舉荐可爲大臣的人有十餘人之多，大都後來做過宰相。晚年因體弱多病辭去宰相，皇上仍給他宰相的薪俸。病重的時候，眞宗皇帝親手爲他和藥，並煮薯蕷粥賜給他。死的時候六十一歲，皇上親來弔喪，大哭。封贈他太師魏國公貴爵。當時許多地理先生說他之所以能享如此榮耀，乃由於他的祖墓風水轉變，能吃到對面山頭的「紫氣朝陽」風水；又說他乃由於祖宅天井庭中他的父親手植了三棵槐樹把風水改過來了。這在當時固然也說得通；因爲沒有別的更好的理由可以解釋，所以人們也以爲完全關係於風水了。

其實，這祖墓和祖宅的風水縱然被改好了，但好風水也會被吃盡的。由于王旦爲人忠直無私，爲國家選人才不肯以私意取捨，所以他死後他的兒子王雍也並沒有什麽高官可做，只是坐享他的父親福蔭和爵祿而已。

王旦死後十年，又有許多地理先生去看王家的祖墓和祖宅，地氣風水還一樣沒有改變；直到十三年後，他的兒子王雍去世之後，這兩處的風水才現出衰敗的氣勢。

與王旦同時，也做過宰相的呂蒙正，是爲一般人所知道的。呂蒙正名字之所以比王旦，寇準，王欽若等宰相出名於民間的理由，是爲着有了「呂蒙正貧時曾行乞於途。有一次肚餓難當，見橋上有人食餘棄下的西瓜，他取起西瓜想在橋欄打破喫之：那想得到他把瓜一打，竟然一滑，落入橋下水中了。一個窮人出頭，其故事特別說得響，傳得遠。

據說當呂蒙正年少窮困時有一天在洛陽路上碰到兩個人。那兩個人是友人，一個是會看相的，一個是風水先生。看相的先看見呂蒙正是一個大好相貌的人，但又是一個十分窮困的人，就很奇怪，心裏很想知道他到底是誰家之子。

這位會看相的在路上就問呂蒙正是誰家子弟。但奇怪的，此時呂蒙正只是一個小孩子，却不肯告訴人家是誰之子。於是更引起看相先生的奇怪，再三要問他，而他却再四不肯說。此時那位看風水的在旁，也引起他的注意。這位風水先生也畧知看相，一注意，也發現這小孩子確係吃到了祖上墳墓的好風水的。因爲人的相貌大都是由祖上遺傳，好福相在額上可以看出是祖宗的積德或祖墓的風水的。

看相先生從呂蒙正的額上髮際的形狀可以看出他是人家的長子：但是，雖然他是父親的長子，却又是母親的獨子。這又引起看相和風水兩位先生的奇怪了。因爲像呂蒙正那樣窮困的樣子，似是無父之子：但從他的相上看，他却父母雙全，而且父親尚是富有的，有姬妾的，那有會使這個元配生的長子弄到像無父之子一樣呢？

於是他們就從各方面去調查到了他是一個當地有錢人的兒子。他的父親名叫呂龜圖，因為寵愛姬妾，呂蒙正和他的母親劉氏就被休棄了。呂蒙正隨母親僻居於貧民窟地方，靠着母親做女紅度日，生活當然艱苦到有時需要求助於路人。看相和風水先生既然發現呂蒙正是呂龜圖的兒子，就跑到呂龜圖的祖墓去看看風水。

呂蒙正宋史上說是河南人，這河南是唐宋時的河南道，乃黃河之南，江蘇安徽淮水以北之地。呂家那祖墓是在現今河南省的洛陽附近叫做辛店的地方。那座古墓是呂蒙正的高祖，曾祖和祖父的葬地。那地方屬北方平原地帶，陰陽宅的風水是看水龍不是看山龍，因那墓地在左右兩道小河　圍抱之中，在風水上叫做「雙龍環抱格」，如果前後水流深長的話，就是帝王之地：如今此墓雖然後有橫流，前無直流，子孫亦有一品之貴。

此格後來在風水書的水龍經上有斷語云：「左右雙龍入穴來，昆季名高達帝台。」那就是說此墓的後代可出兩兄弟高至可以接近皇帝，小則三品以上，大則便是宰相了。

風水先生和看相合看結果認定呂蒙正將來可貴至宰相，乃無疑之事：而可疑之事就是這墓的風水只有元配所出長子次子兩人可以承受，現今呂蒙正母既被休，又無胞弟，那末還有一個高官的兄弟的安出呢？當時風水先生原想去看呂龜圖，把呂家祖墓風水及呂蒙正的福相告訴他，希望他能把呂蒙正母子收回教養，俾可早日成名：但為看相先生所阻止：因為依看相先生所看的，呂蒙正的少年運理應「隨母去家」「顛沛流離」的命當如此，說亦無用。
更重要的一事，就是依地理先生所看的，吃到此墓風水的子孫，之所以能夠貴為天子之近臣，最主要的福相在於「氣度寬容」，善於「容人容物」而看相先生也從呂蒙正面上看出是一個有耐性兼大度量的人。
果然呂蒙正於宋太宗太平興國二年，擢進士第一，不久步步高陞，從翰林學士至能參加御前會議，決定國事大計。此種「參加政事」的會議就等於今日的內閣會議，參加的都是重臣與近臣。所以當呂蒙正初入朝參政時，朝中有人知道他是一個隨母離家的窮措大出身，就指他擬議說：「此子亦堪參政嗎？」呂蒙正就佯作不聽見地走過去了。和他同行的大臣很不平，想問那人的姓名。呂蒙正卻急勸止地說：「不要去問他的姓名，若一知他的姓名，就終身不會忘記，不如不知他的名字更好。」於是亦可見他的氣度了。
不久呂蒙正果然拜相了。看風水和看相先生當年所說的果然應驗了。風水先生再跑到呂家的祖墓去看，風水正是全盛時代，和以前並沒有兩樣。但有一事從前可疑的現在還沒有解決那就是此墓的風水應驗出兩宰相，而今還有一個宰相呢？於是他們就跑到呂蒙正出生的祖屋去看。

此時他的父親呂龜圖也已去世，有幾位庶出的兄弟住在那裏，都平平無奇，並無異表。同時發現那所祖宅風水屬于「漏氣格」的一種，在此屋裏出生和住在此屋裏的人，必定有疾病，破財，離散等種種不好的事，而現今在祖墓的風水還好，所以他們就只是平平而已，也就是說，他們本可以榮華富貴的，現在因住宅不好，就把祖墓的好風水漏氣了的。

這樣看來，看相和看風水先生就發現，如果當年呂蒙正不因母親被休隨母離家也住在這屋子裏的話，則今日就也和諸兄弟一樣也漏氣了的。奇怪的是，他們呂家兄弟的相貌外形都相似，都得到那祖墓的風水型，而在那屋長大的人，鼻孔都外露，這是受住宅漏氣格的影响的。

後來查得呂蒙正有個異母的弟弟自幼就離家隨舅父去壽州，風水先生原以為這個弟弟或者就是將來兩宰相之一。但調查結果，這個弟弟已經去世，也並無成就。因而，風水先生對這風水上的兩宰相一事，留下疑點當時不能解决。

後來，呂蒙正曾三次入朝爲相。晚歲告老回洛陽，日會親友，子孫環列。眞宗皇帝後來去朝永熙陵時，路過洛陽曾兩次幸其宅第。

皇上曾問呂蒙正說：「你這許多兒子中，那一個可以重用的？」

他答道：「諸子都不足用？但有一任，名夷簡，現任穎州推官，有宰相之才。」從這天起，呂夷簡的名字，才為眞宗皇帝所知道，之後，眞宗皇帝就開始擢升呂夷簡，慢慢重用他。

到了太子接任為仁宗皇帝時，帝初立，太后臨朝，十餘年間，天下太平，宋史說：「呂夷簡之力為多，」可知他的才能。

果然，在仁宗皇帝朝中，呂夷簡也做了宰相。你想這位呂夷簡是誰？原來就是呂蒙正那位自幼隨舅父到壽州去的異母弟所生的兒子。至是，呂家祖墓風水應出兩宰相的事，就完全應驗了。

中國風水之事的原理，用淺現的說法，可分為兩種：頭一種是純粹的「自然」地理關係：第二種則是混合的「人事」地理關係。上面所說的幾種故事都是屬於第二種的「人事」與「自然」混合的風水，即所謂「福地福人埋」的意思，因埋葬在地裏面的人，影响了自然的地理。至于頭一種的純粹自然地理，這是原始的也是基本的風水因素。

關于自然地理的原理，那就是由于地理上的自然「地氣」和「地勢」的關係，影响了埋葬裏面死人的遺體，因這遺體與其子孫有血統上的關係，便在其子孫身上發生作用了。就「風水」這二字看，就是完全表現了自然地理的意味。所謂風水，據晉朝郭璞所著的「葬經」，是這樣解釋說：「葬者乘生氣也，經曰，氣乘風則散，界水則止，古人聚之不使散，行之使不止，故謂之風水。」於此便可知是完全關係於「地氣」和「地勢」了。

論地氣有「聚」與「散」，「行」與「止」的情形，論地則有「形」與「勢」，「格」與「局」的分別。在原則上，一般堪輿家大都只是就地勢的「形，勢，格，局」說的：而地氣的「聚，散，行，止」則是高深一層的工夫了。現在我們試就自然地理方面，舉些有名的故事說說。

在現今陝西省渭南縣東北地方，古時名叫下邽的，有兩座古墓。這地方有一條水流是歷史上著名的叫做「渭水」，就是周朝姜太公釣魚的地方，在一條渭水支流東邊，有一片平原的高地，這高地即古詩中的所謂「古原」，等於我們南方的「山阜」，常是風水先生尋龍之處。那兩座古墓，一座是在古原的北端，一座是在古原的南邊，兩墓相望可及，距離並不甚遠。因爲那條水流是從北向南流入渭河，所以兩墓都是坐東向西，朝向這條水流的。

我國北方是平原，多半沒有山陵，南方的風水以「山」爲主，叫做「山龍」：北方無山，以「水」爲主，名爲「水龍」。但平原中如發現有一些高起的小土丘，也是風水先生的好目標，因爲這是北方難得的地勢。這條小河流水中有一堆小岩石突出水面，彷佛好像黃河中的「中流砥柱」一樣。這兩座古墓都是朝向這河中的岩石的。顯然這兩座古墓當年都曾請過風水先生爲它勘定的方向無疑。

這兩座古墓，北端那一座是姓「田」的古墓，而南面的一座則是姓「寇」的。宋太宗皇帝雍熙元年，有名的華山隱士陳摶入朝。有隨行的其他隱士兩人，回到華山之後，曾到這古原去玩。當然他倆也看過這兩座古墓。兩隱士發現姓寇的古墓，吃到了那地方所謂「地氣」的風水。他們預言這墓有一個子孫不久就要開始發達，將來出將入相，功高爵重，名彪千古。

華山隱士所說的話也不知怎樣被揚出去。於是在渭水附近各地即今之渭南，華陰，朝邑各縣的風水先生都知道了。他們都跑到那古墓去看，當然把兩座古墓一起看。果然大家也都看出了寇家墓好風水的所在，就是吃到了那河中的砥柱風水，也吃到了那水流的風水。同時他們也看出那座田家墓，同樣也吃到那砥柱岩石的風水，只是吃不到那河流的風水。當時他們就在調查田寇兩家的情形，田家人丁頗旺，僅僅長房這一系當時也有二十幾個孫輩，但三代以後，並沒有一個有功名的。

至於寇家，也同樣一向沒有發達過的族人，而墓中的一系，人丁很薄，只有一個孫子，年紀還小，不特沒有出奇的地方，而且是一個頑皮的小孩。

有一天有兩位地理先生去寇家訪問。見到了小孩的母親，沒有看到那小孩的情形，那女人很怨命地訴說苦情。她說自己的孩子非常頑皮，不肯讀書，每天只是喜歡飛鷹走狗，上山打獵，下水捕魚爲戲，講也不聽，打也不怕。

不久以前，因爲他不肯讀書，她打他，她隨手取秤鎚投擊他，擊破他的足，至於流血。地理先生就把祖墓風水之事告訴她，說是照風水看，此子將來必發達，勸她不要灰心，好好教育他。她起初對風水之事似乎沒有什麽興趣，她說寇家從來就沒有人發達過，這小孩子自幼就頑皮了，不肯讀書，就是風水好也不會有什麽了不起的。

接着地理先生就把從華山隱士發現古墓風水說起，這時候是子孫發達的時候了，而且此子將有「出將入相」的尊榮。孩小的母親仍不大相信。最後這兩位地理先生就把他兩位看了寇家墓風水之後，曾到華山請教過隱士。隱士說，這小孩的臉孔應是「國」字形，臉色深黑，額骨崢嶸，頂骨突起，性情剛直，頑皮好鬥。因爲地理先生沒有看見到小孩，只根據華山隱士就墓地風水上可以看出，如果吃到這風水的小孩，他的相貌就必定這樣。

這時小孩的母親驚異了，她的孩子完全像地理先生所說的。這是第一次地理先生所作的斷語。

也從這次會談起，小孩母的親每年春秋兩次都帶小孩去祭祖墓：因爲過去他們不大信風水沒有去祭過。也不相信那祖墓有這麽大好的風水。奇怪的，這個小孩子也從這時候起，也可以說就是從被他的母親用秤鎚擊破他的脚出血那天起，開始漸漸變好了，十五歲的時候，他的母親帶他去城裏看相。

看相的說他自幼喪父，依母教養成人。又說他的臉型，乃吃祖墓的風水而成，十九歲那年便要有大功名。當時所謂大功名就是被　的「進士」。但是，那時是宋太宗時代，宋太宗時代的選　進士，皇帝每必親自臨軒顧問，他要年紀稍大的，年紀輕的每每不被錄取，所以他的母親又對看相先生說的話有懷疑，認爲十九歲舉進士乃不可能之事。

過了四年，這個小孩已屆十九之年，果然有機會進京應試。寇家的親戚朋友因爲宋太宗取士不欲年紀太小，就勸他報名時增加虛歲兩三歲，總要二十出頭一二歲比較有希望。但因爲這小孩脾氣剛直，不聽人言，他說：「我就是這樣，要取就取，不取就算了，我不願虛報年齡。」

奇怪得很，那次宋太宗却例外地舉拔這個十九歲的年青人爲進士，可算是宋太宗朝裏被選的第一個年輕的進士。這進士到底是誰？原來就是二十多年後出將入相的宋代名將又是名相的寇準。他一被舉爲進士，朝野驚奇。

許多人初不知寇家墓風水之事的，只是驚異寇準竟然破例以不及弱冠之年被拔選爲進士；及後聞知寇家墓風水之事的，便大談其風水之事，說是華山隱士看過風水，說是此子將來要出將入相，名震番邦，功垂後世的。

寇準舉進士後不久，就被任爲鄆州通判。有一次，那位華山隱士因遊山，路過鄆州，因爲知道通判寇準便是那寇家墓的後人，就去拜訪寇準，並道明自己就是最初發現寇家墓風水的人。於是寇準以禮招待隱士。他問隱士後事如何，隱士告訴他說：「你之所以能貴，完全吃祖墓的風水。就風水論，你將是一代的名臣：但是，你賦性剛直，一生以剛直取勝，亦以剛直失敗。原因是祖墓吃到了那流水中突起的岩石，那岩石是有剛直之氣的。」

因而寇準就問將來失敗情形若何？隱士說他將來失敗要被一個出於門下的人所危害，因爲祖墓的左墓手旁有一塊石頭，抑制了他的命運。寇準問那塊石頭可以把它打去嗎？隱士說，如今已遲了，已在他的身上成形了。他又問，這塊墓手旁邊的石頭能夠破壞風水，想當年建墓的地理先生不會不知道，何以當時不把它去掉呢？隱士說，這塊石頭有壞也有好，好的就是使你能夠重握兵權，且能威臨天子，這好的風水比壞的更難得，所以風水先生就不把它去掉了。

華山隱士留住鄆州通判官署數日，細察寇準的行動和氣色。臨行時，曾對寇準說：「你的祖墓風水乃屬于地氣的一時所鍾，係暴發性：所以你這一生就吃盡風水了。同時，因爲當時地理先生要想祖墓能吃到那流水的迴流，所以墓前留地太小，恐怕你難有後嗣。」

這時候因爲寇準自己也畧知一點五行之學，風水之事，聽了隱士所說的兩點，認爲祖墓風水未免有很大的缺點，就請教隱士有無改造的辦法。隱士說，這也無怪於當年地理先生，主要的原因是那地的風水既屬「暴發」性，就應當讓它儘量把好風水都暴發出來，所以其他的缺點就不顧到了。其實，及身有功，勝于遺後，留名青史，勝于有子，也何必那俗世之事耿耿於心呢？

果然，寇準爲鄆州通判不久，就被擢爲吏部通判 常上殿稟奏朝政。不久，又拜爲樞密使，同知院事。宋朝的政制，分中書與樞密兩府，中書省管行政，樞密院管軍事。宋太宗皇帝甚重視寇準，朝中大小之事莫不與準商議。不久，寇準果然拜相，那是當王旦宰相卒後不久的事。

不久因北方番邦契丹內寇，京畿危險，太宗憂懼。有的請帝避居金陵，有的請帝避居成都：獨寇準請帝幸澶州，因爲當時澶州是軍事上的前線，寇準自己將兵出戰，要帝親征，用以鼓舞並慰前線士氣。當時寇準權高，太宗帝就在半遷就中親幸澶州，果然前線兵卒人民聞帝親征，氣壯山河，契丹因之敗退求和。寇準功名，因之震動天下。

最後寇準因功高招忌，被前後奸相王欽若，丁謂等所讒，貶爲雷州司戶參軍，而丁謂便是出於寇準門下的人。當他到雷州貶所之時，小吏呈獻雷州地圖，首載「州東南門至海岸十里，」寇準一見，便恍然說：「我少時曾有詩云：『到海只十里，過山應萬重，』人生得失，難道不是早有定數嗎？」

寇準一生兩次爲相，太宗皇帝始終想念他。最後卒于雷州貶所，到了仁宗皇帝，文追謚「忠愍」。可惜無子，榮華富貴終于一身。死後奉旨歸葬西京，經過荊南公安縣時，人民皆哭於路旁：折竹插地，以挂紙錢過了一月，枯竹枝竟然都生根出筍。人民因此異象，便爲他立廟，歲時享祭。葬後，太宗贈封萊國公，褒其功德。

當寇準頭一次拜相時，許多地理先生因爲這華山隱士所編的風水應驗了，就再去重看寇家墓的風水，有一個地理先生看出寇準一生功名止於一身而且波節諸多。他所說的理由是指那河中的砥柱，只是幾塊亂石，上無草木所致。這叫做「死風水」不是活風水。後來這位地理先生被田家請去看田家墓的風水，何以不如寇家墓？因爲兩墓同在一個古原上，而且也同樣吃到了那河中砥柱。

地理先生就告訴田家說，主要的原因，田家墓乃在砥柱的上流，而寇家墓則處砥柱的下流，砥柱的水隨流而下，所以田家墓雖然也朝準了砥柱，却吃不到砥柱的風水。後來田家依地理先生的意見，說是在寇家墓的南邊，即更下游的地方，尚有餘下的風水可以吃到，就把田家墓遷移到古原的南端來了。同時又在河中那幾塊亂石的砥柱上面堆上一些泥土，種植一些野生的草木。奇怪，這個田家墓的子孫，果然在寇準死後二十年。也出一個進士，官至通判。同時子孫也不絕，不像寇準的無後。這便是風水的改造了。像這樣的風水，就是純粹自然地理的風水，與葬在墓裏面的善惡無關。當然，如果是善人就更好，如果是惡人就不免要打折扣，不能全盛，也不能長久。

靈籤妙趣

神廟中的籤詩之所以會靈驗，依過去純迷信的解釋，只說是「神」之「靈」：但若用科學去解釋，也可以說是由于「人」之「誠」的心理作用。中國有句古語說「誠則靈」。我們相信，如果沒有人的誠心，神簽恐怕也不會靈驗的。

神簽靈驗的心理理由：第一是用求簽者自己的心理作用或精神潛力，通過一種工具（簽語）來測定自己所要知的事，這是屬于發揮心理潛能的作用。第二是利用神廟中求簽的衆人精神潛力，一面增加信心，一面也加强能力。

這是就心理學上的道理和催眠術上的現象可以解釋得通的。但至于何以在數十多至一百條的不同簽語中，而能抽到符合於自己心中事的簽詩，其係通過何種作用，那就不容易解釋了。其更屬玄妙的，何以過去未來連自己所料想不到的事，偏能道出而且應驗呢？這只好暫時保留于「神明」裏面了。無論如何，簽詩有若干靈驗總是不可否認的事。

有一位老前輩陶先生是前清進士：他虔誠信奉文昌帝和關帝。此老雖是舊時代人物，而其腦筋却不太陳舊。他同情「戊戌政變」，贊成變法：民國之後他也擁護提倡科學，新文化運動等等。但人們却譏他爲新不新，舊不舊的假維新人物。民國初年他曾榮任官立的中學校長，而每星期又必須在文昌帝和關帝的壇前扶乩一次，叩詢吉凶。他也相信籤詩，聽說他還用扶乩的方法替關帝廟製訂過八十二條籤譜。他曾告訴我關于靈籤的有趣故事。

他說，他幼時進入私塾開始接受啓蒙教育的第一天，照例也拜過文昌帝君神像。但他在入塾前却先對關帝爺有信仰：因他的本性喜武不喜文。在私塾裏讀了兩年的書，由於資質愚純，一點也不進步。

有一天他父親領他到文昌帝君像前懇求。當他執香跪下時，教他自己祈求說：「念弟子天資魯純，文竅不通，懇求帝君飭令破竅將軍，爲弟子破竅！」

當時他不明其意，事後問他父親，才知道文昌殿旁有個手執虎頭斧的神像，就叫做破竅將軍，是專門爲天資低下的人劈開文竅的。據說，一經破竅，就會「一旦豁然」貫通的。可是，他自己又過了半年，蠢笨如故，自知還未蒙破竅。

由是，有一天他就跑到關帝廟裏去。他想，不是文昌帝君不如他願，便是破竅將軍的刀法不靈，所以他的文竅依舊不通。現在他想懇求關帝爺，一揮他的青龍偃月刀爲他破竅。他一心懷此意願，就跪在關帝殿前求得一籤。詩云：「將相本無種，古今力學同；愁眉馬上展，茅士自然通。」

他得了此籤，驚喜交集。驚的是他第一次求籤就得到關帝爺這樣文對本題的明顯籤詩，益信關帝果然有靈：喜的是他懇求破竅之願，也已得關帝的應許了。這第一次所抽的籤詩總算是合於心意而可喜的了。

由是他就很高興的拿了籤詩回家給父親看。他父親看了也很歡喜，認爲「馬上」他的文竅就可以開通了。可是事實並不如此。

半年之後他父親因見他毫無開竅樣子，就拿着那條籤詩去找私塾的先生商榷詩意究係何解。經過他們倆共同詳解之後認爲此子應當棄文習武。因爲詩中的「愁眉馬上展」，想是說他的魯純應向「馬上」才可以發展，而且所謂「茅士自然通」當係將來有武功可得「茅士之荐」的意思。

這樣一來，他的父親就決定他再讀幾年書之後，即轉習武業，希望能考得武舉人武進士，一樣可以立名立功榮宗耀祖的。因爲要考武功名必須年齡稍長，體力茁壯，才有希望，當時他才十五歲，年齒尚稚，而且就是考武也要粗讀詩書。奇怪，自他知道將來決定習武之後，學業却漸有進境，而聰慧也似乎有點開通，十七歲那年，他無意中去應試，竟然進學入泮。

十七歲縣試成功，也算難得之事。這出乎意料的事，又引起他父親對那首籤詩有懷疑。但當他父親扣算下一次應試的年歲時，發覺當年他十七歲正是光緒八年壬午，午屬馬，也就是籤上所謂「馬上」的馬年了。恍然大悟之後，益信靈籤的奧妙了。

他進學之後，既然又決心習文不習武，就不能不信奉文昌帝君；由是他就每逢朔望，也向文昌廟進香的。

記得當他有一年準備上省應鄉試時，動身前幾天就去文昌廟裏求一籤，但籤語明暗參半，不能全解。

詩云：「伏虎山頭樹一枝，成陰結子正當時：三年乳哺長相憶，百日愁眉又展眉。」

此詩前兩句可解爲此次赴試成功有望；但後兩句就不易詳解了，尤其最後一句辭語奇突，莫名其妙。

果然他鄉試結果，得中舉人。回鄉拜祭宗祠之日，大開筵席，宗親戚友歡聚一堂。可惜喜極生悲，他的母親因歡樂過度，竟在他簪花返家拜祖的第四天晚上歡宴之後，突然中風去世。他父親嘆亡妻福薄，悲惻之餘，立意不再續弦，用誌哀思：但中匱無人，又非所宜：由是就決定爲孩子娶媳，藉維家政。

因爲他是長子，依俗例，惟有長子才能在母喪的一百日內完婚，主持中匱，叫做「百日紅」，過了一百日就要等三年大祥之後才能成親了。所以他就遵依父命趕於做孝男的百日內又做新郎了。

喪事大事辦妥之後，偶然記起那首籤詩後兩句的所謂「三年乳哺長相憶，百日愁眉又展眉，」不禁愕然驚駭靈籤詩句妙不可言。

過了三年，他又準備入京會試，這就是獲取進士的考試。本來他是擬定去文昌廟求籤的：因有一天路過關帝廟，想起第一次祈籤的舊事，就信步走進關帝廟。求籤的目的當然是問此次進京求取功名問題，抽得的籤詩是：「三春人苦雨，一再見新晴；朱門今在望，千里重前程！」

這條籤詩示意明顯，文能對題。第一句是言他丁憂三年，第二句是指今日應試新禧，第三第四句都是說此次殿試有望，前程無限之意。他得籤之後暗自歡喜，便將籤詩告知親友：親友們看了也同聲稱誦詩意佳吉。但是事實不然，那次上京考試竟告名落孫山。失意回家數日，他又到關帝廟去想重復一籤，看看關帝爺究竟如何示意。那天剛好有幾位親友陪他同去，得籤之後大家圍觀籤詩。眞是好奇怪，所得的籤竟然就是「三春人苦雨」那條舊詩。由是親友紛紛聚議，認爲考期已過，且已落第，此詩毫無意義，要他再求一簽。但他當時自己重讀舊簽，靈感所觸，默然有所領悟便托辭求簽必須專誠，如果詩意明顯，不宜復簽，否則用心不虔，亂簽結果，便不靈驗了。

到了下一科會試之期，他動身之前也不再求簽。家人戚友都覺奇怪，他何以此次不去求簽呢？

他說：「卜以決疑，不疑何卜？我對前次所求之簽，已無疑念：待我考試歸來，再對你們解釋不遲。」

會試之後，果然家中得報他已中了進士了。

不久，他又簪花回來：拜祖謁親禮畢，他伸手從衣袋中取出三年前所抽的那條簽詩，當着家人戚友面前解釋道：「三春人苦雨」，是說上科落第之後尚須苦守三年之意：「一再見新晴」，是說再一次赴試才能見新晴；「朱門今在望」，是說前科功名只是可望而不可即：「千里重前程」的「重」字，不是「珍重」而是「重複」，意說這前程還要再走一趟的。」大家聞解，莫不驚嘆不已。這位老進士一生所求的靈簽大都如此靈驗，不勝枚舉。

老進士有個表兄鄭某，也曾求過奇驗簽詩。這位鄭某，家貧才拙，屢試不第。因爲家貧，恐怕不能長期考試；所以心中就希望能夠娶一個富有人家的千金爲妻，困難問題便可解決了。此種心事並非體面，所以未便對人說道。

有一天他和陶進士兩表兄弟一同去求簽。那時正是陶進士十七歲剛剛進學之年。他只長陶進士一歲，陶進士認定表兄求簽的意思當然是問功名前途，所以也不曾問他求簽何事。

燒香跪拜之後，求得簽詩這樣稱：「玉葉金枝夢，寒江月影浮：功名與貨殖，鼹鼠飲河流！」

表兄鄭某一見此詩，面有不懌之色。陶進士注視簽詩亦有所思，便笑對他說：「表兄！在關帝爺面前不可說謊話，你到底問的是什麽事啊？」

鄭某人本老實，就把他的心事告訴了表弟。當然這條簽詩很明顯的解答了他所要詢問之事乃是無望的。

「寒江月影浮」，不是說其事有如水中之月嗎？「鼹鼠飲河流」，不是說他太妄想嗎？這詩簽雖然使求簽的鄭某大失所望，然而，就簽詩的詩意言，却也算是文對本題的一首靈簽。

不過鄭某一時還沒有決心放棄舉子之業：因爲他雖家貧才拙，而人們常說他相貌很好，自思不至一事無成，貧寒到底。而且他記起前兩年曾遇一位看相的，說他二十三歲一定財官兩得。不過他自己對相者所言也有懷疑：因爲說得財，也許有機會：說得官，那是不可能的事：因爲他扣算二十三歲那年並沒有考場，功名如何取得呢？所以他也半信半疑。

奇怪，世間的事常有不可思議的。二十二歲那年冬天，他爲着希望明年得財，就跟他親戚離家到福建莆田做生意去。又因爲他的相貌很好，人緣也不錯，經過幾個月在商場上的盤旋結果，竟被一位當地富商所賞識，這位富商無子，有女待字閨中，經托媒數度撮合結果，由富商出錢給鄭某向官府捐取一名廩生之後，竟爲富商的贅婿了。

湊巧的是，捐取廩生那天，正是八月十五，晚上席設莆田，涵江一家菜館謝客，這菜館叫做「月樓」。「涵江」與「寒江」諧音」「寒江月影浮」完全實現了「玉葉金枝夢」：至于功名與貨殖，「鼴鼠飲河流」，所指的是捐取廩生，當然「鼴鼠飲河，不過滿腹」，前途有限之意。

又有一個湊巧的，他二十三歲那年，歲次戊子，所謂屬「鼠」年，時間也應驗。說來這還不算奇，更奇妙得好笑的，那位富商姓「葉」，他的小姐竟然名叫「金枝」哩！

有一個朋友，離家數載，在外謀生，有一天他接到家信，說他母親老病臥床兩月，近來病況愈見危殆，盼他能夠早日束裝返家一行。剛巧，他那天情緒十分欠佳，接信後心中難過萬分。本來他是不相信神簽之事的；但因他離家有三四天的路程，而自己手邊之事又不能即時擺脫，為着惦念母病，就聽從一個朋友之勸，先到神廟去求一簽，看看此病是否緊要。當然那個朋友曾以屢次簽詩有靈作證。

由是他就偕同朋友到廟中抽簽去。那廟中的簽，也是字畫合解。他求得一簽是「書」，中間畫一本書，下面注四字：「書已讀完。」這簽意對于問病頗不佳，但仍嫌不夠明顯。由是他又復一簽。得簽是「鳥」，中間畫一隻飛鳥，下面注云「鳥倦知還。」這意思他明白了，他需要早日回家省視老母的。於是他第二日就啓程返家。

到家那天，一進門看見有幾個人圍在母親床前唸經，他見狀便號咷大哭，以為母親已死了。等到走到床前，原來母親聽見他的哭聲還能開眼看他，而且微笑並點頭，表示得見兒歸為慰。由是他就坐在床邊，等待戚友們唸完佛經。一會佛經唸完了，戚友們還沒有走開，他想和母親說幾句話。哎啊！母親原來已經斷氣了。

後來家人告訴他說，前幾天病况已是十分危殆，家人也去求一簽，問問她的病情如何，同時也盼望能待得兒子到家，那簽怎麽說呢？

詩云：「死別與生離，常情不足悲；瑤池知多少，遊子歸家時。」

大家看了簽詩就知道此病已無望了，所以快信去趕他回家的。三條簽都一樣應驗了。那些奇妙靈驗的情形，絕未可隨便用「偶合」去解釋的。如果硬要說它是偶合，那末我們也可以說這偶合就是「神靈」；雖然不就是「菩薩」的神明。

記得文學家郁達夫在他的著名遺作「毀家詩記」中曾記有一段在福州求得一張籤詩的形，也是驗到無以復加的。現在把他所記的原文抄錄于下：

「八一三戰爭，繼七七而起，我因阻于海道，便自陸路入關：於中秋後一夜到嚴州。一起曉風殘月，旅行之苦，爲從來未歷。到關後，欲令映霞避居富陽，於富春江南岸親戚家賃得一屋。然不滿兩月映霞即告以生活太苦，便隨許君上金華麗水去同居了；其間曲折，我實不知。蓋我深知許君爲我好友，又爲浙江省教育界領袖，料他乘人之危，佔人之妻等事，決不會做。況且，敵人在各地之姦淫擄掠，日日見諸報端，斷定在我們自己的抗敵陣營裏，當然不會發生此種事情。但是人之情感，終非理智所能制服，利令智昏，慾自然亦能掩智。所以我於接到映霞和許君回信後，雖屢次電促伊來閩，伊終不應。「寒風陣陣雨瀟瀟，千里行人去路遙；不是有家歸不得，鳴鳩已佔鳳凰巢！」

這是我在福州王天君殿裏求得的一張籤詩，正當年終接政治部電促，將動身返浙去武漢之前夜。詩句奇突，我一路上的心境，當然可以不言而喻。

一九三八年一月初，果大雨連朝，我自福州而延平，而龍泉麗水。但到了第三天，許君自金華回來，將於下午六時出碧湖，映霞突附車同去，次日午後，始返麗水；我這才想到了人言嘖嘖，想到了我自己的糊塗，於是就請她自決。……」

從這一段郁達夫所載的事實看來，還可以說這張簽詩是偶合，湊巧的嗎？這首簽詩一共四句，每句言一事，句句都言中郁達夫當日的情境：第一句指「年終」時令而且他行時「果然大雨連朝」；第二句是指「動身返浙去武漢」；第三句指他「有家歸未得」的現況；而第四句則更奇突的說明他的太太王映霞已被人佔去了！如果四句中只有一句或兩句言中，還可以說這是只有百分之五十或二十五有驗，現在全詩可說每句每字所言全中，依科學態度言；應承認這是百分之百應驗，絕未可用偶合或湊巧目之了。

而且就心理作用的道理來說，他既「深知許君」「决不會做」此等事，那末簽詩何以不依他心理的正面啓示，而偏是反面的啓示竟與事實完全相符呢？這詩的「奇突」情形，實在太奇妙，如果不是郁達夫所親歷所記載的事，很可能被認爲是編造的小說，然而這明明又是事實。

我有個好友的次兄是正牌軍人，勇武善戰。有一次奉命發兵剿戈海盜。出發後月餘日，我友的二嫂有一天心血來潮，說有異感，要我友陪她去廟中求簽問個吉兇。因爲他的二嫂不識字，朋友不得不陪她去。本來像此種小規模作戰，官兵不會有什麼大事故發生的。但從他二嫂的異感情形看來，朋友心中也有些不安。當時他二嫂求了一籤，取了籤詩一看，詩句中的第一字，就使朋友看來刺目驚心。你想得到那籤詩的頭一字就是「逝」字？他心中一怔，就不敢開口把它讀出，只是順目看下去，詩云：「逝者如斯，晝夜不息，茫茫大海，安有所得！」

他看了詩籤，就對他二嫂說：「沒有什麼事！」

他先安慰她一聲，「籤詩上不過是說，海洋那麼大，抓不到海匪的！」

他嘴裏雖然這樣說，而心中對「逝者」二字始終起了一個很大的疙瘩。

二嫂似乎不相信他的話，要他把籤詩每一句解釋給她聽。

他無法就這樣解釋說：「那樣的流水，日夜不停；海洋那麼大，不會找得到！」

二嫂急遽地接着問：「有沒有說要找的是什麼東西？」

「沒有。」他繼續解釋說：「這當然是指海盜哪！」

二嫂臉上的表情很不自然，幾幾要哭的樣子。籤詩和她的異感已連在一起了。

一會她步出了廟門，禁不自流淚了，說：「三叔，我很不安！」

她解釋說：「我昨夜夢見二哥滿身是血，掉落海裏！」

「不會的！」朋友以堅定的語氣安慰她說：「這是你的野夢，等幾天就會回來的！」

唉！這首簽詩過幾天傳來消息把它證實了——朋友的三哥，原來中了海盜的毒計，殺身之後又被棄屍大海的！簽詩竟然如此靈驗，豈不怪哉！

記得十幾年前在抗戰期中，有一天友人戚君來訪；一進門，就拿出一張簽詩叫我詳解。我看了簽詩，就問他們所問何事？他不肯說，要我先就簽詩字面解釋。我說這首簽詩並無隱晦，是婦人喪夫之意。他說可以不可以解作夫妻離散？我說解作夫妻離散也可以，不過勉强些。他聽了畧有愁容。

記得那首詩的原文是：「英雄悲末路，夜半解征鞍；苦雨凄風夕，寒閨吊影單！」

這詩就字面上看，我的詳解是不錯的。我就追問他求簽究係何事？他說，他母親前幾天情緒不佳，就到隍城廟卦舘裏卜一卦，卦言有「骨肉傷殘」之象。

但她環顧家人並無不吉之徵；因思長女現在柳州，慮有被敵機轟炸危險；由是就想替他的姊姊和姊夫算算八字。爲要算命，就去找姊姊以前和姊夫的合婚紙。奇怪，合婚紙竟被小老鼠咬去做窠，兩人的八字，一字也看不出。於是他母親心更不安，就跑去觀音庵裏面抽了這一簽。而這條簽的詩句又是這樣不吉，所以我們大人都不安心了。究竟又有何種解釋沒有？

我說：如果是這情形，他的姊夫可能有故事，但他姊姊本人却是平安的。因爲「寡閨吊影單」至多祇是喪夫之意。不過，此簽與卦上所象有些衝突；因爲「骨肉傷殘」只限父母，子女，兄弟而言，女婿不能算爲「骨肉」。

當時在座還有一位朋友戚君，他就建議，請戚君替他母親選一字，要我替他拆字決疑。我本不善測字，但廹於他倆的要求，姑妄爲之。由是我就隨手向書架上取出一本書，叫戚君報第幾行幾字。經他報後，打開書本一看，得一「案」字。於是我就臨時做起測字先生了。

我就依測字先生的江湖姿態，就字論事說道：「案字可以拆爲「安」「木」二字；安中有「女」字，此正合母問女之事。

今母問女是否「平安」」說到這裏我轉向戚君說：「小戚！請你當做玩意兒，不必相信我的話，也不必見怪，我是就字論字，好在你也不用回去告訴你母親。

戚君連聲答說：「儘管說，沒有關係。」

於是我又大胆繼續說：「既見『安』矣，且『女』在中，原係平安之象，可惜安下有『木』，安女於木，上且有蓋，就字而論，女已入木！」

說到這裏，我這測字先生嘴上雖然狼狽，而心中却也有些難過。

我又向戚君說：「小戚！你願意不願意再聽下去？」

他回答道：「說下去吧，好在我是在看拆字，不是看訃告。」

他停了一下又疑問：「入木了，還有可說的嗎？」

我說：「對不住，不幸得很！我也希望我所說的全不對。」

他們倆聽了也笑了一聲，繼續要聽聽我所要說的。

「這是與卦上所言「骨肉傷殘」相符。」我又繼續拆字說：「再就籤詩上所言的「女安婿亡」所啓示之意來看，應於安木二字去找一個與女婿有關的字。依事實說，女稱女婿爲『官人』；剛巧，今安字拆去女字可成官字；『官』加『木』成『棺』；可怕得很，女婿也已成爲棺中物了！」

像我這次這樣的測字，可說是我平生對朋友說話最狠心的一次。自此以後，我極端避免替人測字。因爲談相命可以隨便避凶就吉的說說，對方也莫名其妙，拆字是排在面前的字，是凶說凶，是吉說吉，不能無理亂說的。當時我和齊君戚君三人，雖然對這就字論字之成理並無異議，但滿心都希望我的話胡說不靈，不會有慘事發生。

可是，事實到底怎樣呢？兩個月後，戚君得自柳州來的消息，跑來告訴我說：扣算日子，正是我們測字的一星期，他的姊夫於夜間行軍陣亡；他的姊姊聞訊之後的第二天夜裏，於淒風苦雨中，在家懸樑自盡。

這時候，我才會意那首籤詩末句「空閨吊影單」的「吊」字，原來是上吊之意，這不太奇了嗎？籤詩雖然屬於迷信之事，但若就人的心理作用言，却也具有一種科學價值。

抗戰勝利之年，南京僞政部長蕭某，因爲暗與重慶方面早有聯繫，所以希望勝利之後不特可免無罪，還想政府還都之後有所任命。他的本錢是保定出身，日本陸軍大學高材生，又在東北受任軍事教育多年。當時政府某部門也有意運用他去協助接收東北。在日本宣佈投降後幾天，他很急於接得重慶某方面來一電報作爲憑證，俾政府軍到南京接收時有所接洽。

但等了幾天不見有電報來就叫一位親信到上海一所靈籤有名的廟中求了一籤。詩云：「厭舊奈何爲喜新，生離死別有前因。詔書安用由天降，正果修來第一人。」

他得籤之後有憂有喜，旁人却莫明其妙。

照這籤的後兩句看，好像說他不必急急於重慶的電報，他總是棄暗投明被任用的第一人。至於第一句，別人看來亦可解作他棄暗投明之意，但因第二句辭意奇突，似別有所指。而他自己却明白這籤詩有責備他的意味；因爲他在前一年，曾另有所歡，致使他的賢妻服毒自殺的。

雖然他心中有疙瘩些，但無論如何所謂「正果修來第一人」總是看好的；由是他就積極準備辦理移交事宜。誰想得到，他就因爲移交問題與接收人員發生意見，竟被槍擊腿部，流血過多，救治不及，第二天就告死亡呢？總說，他在南京日軍的陸軍醫院病床上，還親眼看到重慶方面打給他的電報。如果這電報能夠早一天到達，他不特不至死于非命或者還有新的任命；偏偏電報遲到一天，而他竟然成爲汪政府於投降後被戮的第一人了。「詔書安用由天降，正果修來第一人！」原來如此解釋。

簽詩常常有隱晦不明的，或表面似吉而實際是凶，或簽面是凶而後來屬吉的。當時汪政府裏任要職的人，大都下獄；特任官以上又大半判處死刑；就有不夠顯要地位的，也動輒以死刑，無期徒刑處决的。

有一位陳君，也是特任以上的官職，被捕之後，自許生還無望。每一個人都是貪生恨死的，當然他也不能例外。其奈法律無情，第一審就宣判死刑。

雖然當時有的第一審判無期徒刑或十五年有期徒刑，不服上訴結果，反而改判死期的；但他既被判了極刑，總不能不上訴。於是他就延請律師進行上訴。

上訴之後，在高院駁回更審的第二天他的家人到蘇州探獄之便，在觀前街附近廟裏求得一簽。當時求簽人的心理，只望能夠改判無期徒刑，於願已足；而那條簽詩也竟然滿足了他家人的所願。

籤詩的原文是這樣：「君問歸期未有期，盲人瞎馬夜臨池。身隨世變安天命，自賦九歌歸去辭。」

當時家人對這條籤的第三和第四兩句確然得到了安慰；這明明是說他自有機會因隨某種變化而自由歸來的。於是家人就把這籤詩帶至獄中給他看，當然這可用爲更審前的精神安慰。

這條籤很稚致，頗有唐詩味道。第一句的「未有期」三字，當然可作「無期」解；第二句雖然危險，並未絕望，而第三第四兩句尤其最後的「歸去辭」三字，眞是喜出望外了！果然，過了兩天更審結果，把他改判爲無期徒刑。

就法律上言，對所判無期徒刑如果再不服，仍可上訴的；而這位陳君，因見籤詩上旣言明「未有期」，而且最後還有「隨世變」而「賦歸去」，就泰然安于天命不再上訴了！最後的情形呢？共產黨來後不久，也正是他入獄的第九年，因獄中不許家人接濟食物，口糧不足，竟病死獄中了。所謂「身隨世變」，所謂「自賦九歌」原來指此。

當時還有一件有趣的故事。有兩位表姊妹，在抗戰發生那年，因爲兩家都住在上海，戰事發生，兩家快要分道揚鑣各自逃難。生離死別，兩表姊妹依依難捨；臨別前一天，兩人就到滬西某鎮上的觀音廟中去求籤。

當時她們都是待字閨中的及笄少女，求籤的目的不是逃難問題，而是婚姻前途大事。因爲兩人都是閨女，又是初次求籤，不知抽籤規矩，以爲兩人旣是要好，而且所問之事又是相同，一切燒香跪拜搖籤等事，就槪由表姊一人去包辦了。

得籤之後，因驪歌載道，明後天就要各自東西，由是就向廟中買了兩條籤詩，各執一紙，並作臨別紀念。那條籤詩，雖然後兩句辭意不顯，而頭二句却已夠她倆的滿意。因爲她們當時的性情，深怕從此離亂，終身大事不得解決，無以歸宿，而那條籤詩的頭一句就把她們的疑慮解決了的。

詩句是：「雙雙鳳和鸞」五字已把她倆心事解決了。詩意已說明她倆不至于因戰事把她們的婚事躭擱的。至于「西風送錦團，」她倆解爲他日仍有「團聚」之意。再說後而兩句，雖辭意不明，十年以後之事，也暫可不必去管它了。

事情却是很奇怪的，八年抗戰結束的第二年春天，她倆果然都由內地回到上海；而她倆的丈夫也都以抗戰英雄的姿態出現。有一次兩姊妹見面時，說起九年前臨別的往事，雖然兩人彼此都把那張籤詩早已化爲灰塵，不知去向了，但對于詩中的「雙雙鸞鳳」以及「團聚」等辭意，還依稀記得的。這樣的通常叙舊閒談也就算了。

天有不測風雲，人有旦夕禍福！不意幾個月之後，兩位抗戰英雄的表襟兄襟弟，竟因「同謀貪污」罪，同時被捕下獄。

有一天她倆表姊妹同以探監相遇於獄門。相見無言之下，前塵不堪回首。突然，她倆因望見獄中峨峨的鐵窗，驀地記起那首籤詩中尚有「遙對鐵闌千」之句。由是她倆愕然驚奇之後，就約定明日一同再去滬西求籤，問問看她倆的丈夫同謀貪污之罪，有無大事化小事的希望。

她們因爲前次求籤很靈，由是這次又由表姊去包辦一切。世間的事竟然有這種的湊巧，她們所求的籤既都爲丈夫「同案」問吉凶，就也只要求一條就夠了。

奇哉！得籤之後，取到籤詩一看，竟然就是：「雙雙鳳和鸞，西風送錦團；十年一回首，遙對鐵闌千。」

此詩既是舊籤，對她們所要問的事並無啓示，本想再復一籤；但因當時她們覩此奇巧，彼此心中都有一些驚駭，就不敢再復籤，準備過幾天再來。你想得到麼，她們過幾天不再來了。何以呢？原來那兩位貪污英雄，都被判處「十年」徒刑了！

有一位安慶的朋友告訴我說，他的表叔鄧某，在蕪湖任軍職。有一天因公入京，去而不返。依他的職務言，過去每次因公入京，至多隔宿即返，而此次竟然四天了還沒有消息回來。家中打去電報也沒有回電。當時我這位朋友，就在他的表叔機關裏當軍需，心有疑惑，就去蕪湖西郊一所古廟中求得一簽。這古廟的簽也是字畫合解的。

他所求的簽，上面畫一隻「鎖」，下面解詩是：「訟事難解，行人在困；合夥有成，婚姻多怨。

他一見「行人在困」，心中一跳，立刻就形容到表叔已被「鎖」在軍法處的看守所似的。第二天他就搭頭班車趕到南京。向有關方面打聽一下，果然因案被扣了。而且聽說案情頗嚴重，不許接見，也不許送物。從看守所裏傳出消息，這位在困的行人，竟然「鎖」上一付足鐐，行人已是行不得哥哥也了。「鎖」一簽詩竟然如此之靈。

友人端木君，於「九一八」前兩個月，從東北奔喪歸浙江溫州故里。他原在瀋陽一家銀行裏當會計主任已十餘年。行前接到家中的「父病篤，速回」的急電，動身頭一天有個朋友替他排「文王課」，卦意說他「此行不吉」。

他對「不吉」一語頗有疑慮；到底是指「父病」還是指「其他事故」呢？若只是父病，那是無可奈何的事；若是其他事故，就要想法躲避的。恰好那時北方著名的看相先生「釣金鰲」正在瀋陽行業，他就到那裏去問問吉凶。

釣金鰲對他說：「觀君氣色，既有『喪服』，而驛馬又動，其將奔喪無疑。但『禍不單行」，路上還要小心爲是。」

端木君追問，路上將有何種事故發生？有無甚麽危險？

鈞金鰲說：「尚無大碍；但破財恐怕難免。」

由是端木君第二天動身時就只携帶簡單行李，以及路上夠用的旅費，其他原擬隨身帶回家用的欵子，就轉托大達一家錢莊兌去温州。這樣，他以爲可以減少「破財」的機會。當然，如果是災禍，那天災人禍不是人力之所能避免的；但如果僅僅是破財之事，小心一點，自己身上不多現欵，也不帶行李，路上應注意之事注意，當然可以減少破財之事發生的。

到了潘陽火車站，臨時他想打兩張電報：一是打給温州家中的，一是發給南京一個濶別十餘年的老朋友的。在匆忙中他寫了兩張電報稿子交給送行的同事拿去代發。第二天他的温州家中接得他的電報，知道他那天動身，那天可抵南京，由是他的哥哥立即派人携帶他的兩位十餘歲的男女侄趕到南京去接。當他在浦口車站下車時看見他的老朋友竟然和他的兩個男女侄一道來接，大爲錯愕。

查詢之下，原來他在車站發出的電報，因匆忙心急，把打給南京老朋友的電文寫到家裏去——本來他因和老朋友濶別十數年，想利用此次路過南京之便，要看看老朋友的家人，所以電文有「帶小孩接」的字樣，而他哥哥接此電報，以爲別有用意，所以就派人帶着小孩趕去南京了。這還不算，因爲那時正是六月之盛舟車勞頓關係，兩位小孩都因中暑病倒，迫不得已就在南京下關開了旅館住下來了。

「破財，破財！」端木君心中暗想又暗自好笑。

在家不久，喪事料理完畢，動身回潘陽之日，心裏還在恐怕「禍不單行」；路過一所古廟時，就進去抽簽看看路上是否平安，所得的簽詩是「關山雁音絕，從此金甌缺，僕僕一征人，喜逢花裏別！」詩語不大明顯，一時莫解其意，就帶着簽紙趕上行程，慢慢在路上再去思量了。

到了潘陽，爲着前次鈞金鰲看相的話應驗了，一天到鈞金鰲那裏去談相。奇怪，鈞金鰲說他驛馬又有新的動色，而且此次不是喪服，而是「丟差」。由是他記起在溫州所抽的簽詩中也有「從此金甌缺」之句，難道是說那銀行會計主任的十九年「金飯碗」要丟嗎？但他無論如何不相信此事，因爲他就人事的關係及銀行的制度言，絕沒有丟差的跡象。可是，「九一八」那夜裏的槍聲，却無情地證實了他「從此金甌缺」的事實。在逃難中，他想起「關山雁訊絕，從此金甌缺；僕僕一征人，」這三句雖然應驗了，而最後的「喜逢花裏別，」又將當作何解呢？

他想，既有「喜」字，當有逢凶化吉之象才是。你想原來是什麼一回事嗎？他自瀋陽逃出之後，輾轉到了北平；不久，他的愛妾因心臟病臥床，羣醫束手，延至次年夏曆二月十五日去世。

開弔那一天，他看見晚聯中有「駕返瑤池逢花朝」之句，驀地記起二月十五為「花朝」，八月十五為「月夕」；而且更怪的，他的愛妾名字湊巧又是「喜蘭」，簽詩中所謂「喜逢花裏別」者原來指此。

端木君面對這事實，眞是感到人生太渺茫了！做了十九年的銀行主任，那裏想得就會像看相的所說面上有了丟羞氣色竟然就掉丟？「喜逢花裏別」的簽詩，誰又想得到是說愛妾「喜蘭」要在「花朝」日裏死別呢？這未免太奇妙了！

神廟中的簽詩，雖然屬於迷信之事，大多數不靈；但有的却靈驗得奇怪，使人不能不相信其中確有神妙。這一類事，在迷信者心中認定乃神明的指津，而在基督徒目中則屬於魔鬼的作為。若就今日科學的解釋，很可能這與神鬼都無關，而屬於心理的某種特殊感應作用也不一定。

我有幾個朋友，對神簽甚有興趣，每過廟宇，只要廟中有簽，他們就一定買香求簽，他們都說是一種很好玩的事，他們把它當為一種高尙而神秘的娛樂。有一天他們之中有一位請我到他家裏吃飯，我看見他書房案頭有舊詩稾一束，我隨手把它翻翻。見其中有五律一首，題爲「神簽」；詩情很有趣，因而飯後我們就說起有關靈簽的許多有趣的故事。

他說那首五律是他童年時記事的詩稿，記得那年他大約是十三歲，第一次到廟裏抽得一條簽詩，因情形奇妙，所以才寫那首詩紀實，以觀日後是否應驗，那條簽詩後來當然應驗了。我聽他所告訴我的經過情形，簽詩應驗倒不如他求簽經過來得有趣，所以這故事要從頭說起。

當時他只是一個十三歲的小孩，爲什麽小孩子會去求簽呢？因爲他是一個海濱鄉下的小孩子，父親曾是同盟會會員，因參加革命受了打擊，憤而返鄉開塾教讀，於是他的家道就很清寒。因爲窮，他在父親的私塾裏，就只能讀半日的書，還有半日，要上山担水斬柴，下海拾荒捕魚，幫助家計的。因爲這樣，他就特別想讀書。一個生在窮鄉僻壞的海鄉童子，對於讀書之所以特別有興趣，是爲着將來能求得「功名」，有了一官半職就可以揚名顯親榮宗耀祖的。

那時雖是民初時代，海鄉人對於「學堂生」是與「秀才舉人」同樣看待的。他雖然心理時常呈現「學堂生」的美麗夢景，但他環顧自己清寒的家境，却又沒有勇氣去重溫這渺茫的幻夢。由是小孩子的心情，就不能不寄望於神跡上面了。「求神拜佛」是鄉間的常事，於是，他也在想。

平日他曾聽人說，鄉中的玄天上帝廟裏的簽詩如何顯靈的事，便引起了他去抽簽的動機。但求簽也並不是很便當的事，要進廟求簽，必須隨帶香燭，或向廟祝購買，而他又沒有買香燭的錢。好在那所玄帝廟恰在他上山担水，必在廟門口的石級上歇肩的，他想進去抽簽的機會總是不難。

由是有天，他於担水回來在廟前歇氣的時候，就慫恿同道的幾位小朋友，乘着廟祝不在的時候，偷偷地闖進廟裏去抽簽了。當然他們是不用香燭要抽「霸王簽」的。不過，他們幾個小孩子雖然並沒錢不燒香燭，但他們求簽的虔心却是無邪的。就心理學上說，就我們過去所謂「誠則靈」和感應的道理說，此種無邪的心情便是求簽的最主要條件；所以他們就不用香燭，已具備了「誠則靈」的條件了。

由是他們就一齊跪在玄天上帝的神殿前，以百分之百虔誠，叩頭懇求道：「懇求玄帝爺，可憐我們窮小子，沒錢買香燭，賜給我們一條神簽，指點我們的未來！」

之後大家各自伸手去摸簽，按竹簽上所刻的號數，再向掛在墻壁上的簽詩牌子去對簽詩，便可明白吉凶了。說也奇怪，那天他所得的簽詩，竟如他所願，玄帝爺也勸他讀書，那簽詩是這樣：「勸君讀書，終身不誤，一朝得志，青雲有路！」

這條簽詩未免使他太開心了。因爲不特「勸君讀書」四字使他興奮，而「青雲有路」四字，頃刻之間，使他心頭大開其「官老爺」的美夢之花！他含笑，得意，更以「一朝得志」的心情，把他的簽詩指示給他的同儕們一同欣賞了。記得那天抽簽的共有四個小孩子；其中兩個不識字，不解詩意，一個尚能明白大意的。

不識字的有一個名叫張天財，是他隣居，因爲他所抽的簽語和後來所發生的事實很奇怪，所以他還記得那條簽詩是這樣的：「今朝之事，石上種花；明年此日，一片殘霞！」

當時張天財要他把簽詩解釋給他聽。但這簽詩的語意欠佳，似乎不好說。由是他就勉强對張天財這樣解說：「玄帝爺簽中說，你今天所問的事，明年今天，再來問他。」

張天財說了莫名其妙，也就算了。他自己得簽之後，喜在心頭，逢人便告訴，但不敢告訴他的父親；因爲父親是自命新人物在鄉中時常主張破除迷信，若被他父親知道，他會挨打的。

這事過了幾天，他父親有一天飲酒醉了，無故大駡他們三個兄弟，說是明天起不許他們再讀書了。他父親說，他自己就是苦在無讀書，所以弄到今日這樣窮困，若是自幼習藝或討魚，也許已經發財了。又說，一個人如果有志，用不着讀書也一樣可以成大事的。他並舉「劉項原來不讀書」的詩句爲證。

這樣一來，他對于玄帝廟籤詩有懷疑了；他明明不能讀書了。於是第二天他又上山挑水路過玄帝廟時，心想：玄帝爺前幾天的籤詩，恐怕因爲他沒有燒香燭，所以不靈的了。他既懷疑，就想再決疑。由是他又偷偷闖進廟中去再抽一籤。他跪在神殿下時幾乎下淚。那時他的心情不是「決疑」而是向玄帝爺「求助」了。他照樣去摸籤。

世間的事竟然有這樣的奇怪，當他摸了一條竹籤，按着號數去對照，竟然就是「勸君讀書……」那一條。他似信又疑，心想，那有這樣湊巧？但他讀完全句之後，一點也不錯，就是前幾天那一首，由是，他又轉憂爲喜。他把這詩記在心頭。

上次他一時歡喜沒有把籤的號數看清楚，這次他又把它看請楚記住了，是「第十六籤。」他想，像這樣兩次都抽同一條籤，顯然是玄帝爺的威靈，也是自己的命運了。他就把這第十六籤記牢了。

由這一回起，他每一次担水回來歇肩時，一有機會能夠避免廟祝的阻止，他就闖進廟裏向玄帝爺合手拜謝；拜謝的心理因素，不是因它會指點他，而是求它此後能保佑他，保證他。這樣自喜自慰地大約過了一年光景，有一天下午他從海旁拾荒回來，路經沙灘時，看見許多人在那裏驚奔叫喊。他奇怪，就不由自主地也向人羣處奔去。他一面跑，一面聽見許多人在說：「死了，死了！救不回來了！」他心想，那一定是有人打架被打死的；因爲鄉人打架失手是常有的事。三步當做兩步跑，當他擠進人羣一看，天啊！死的不是別人，原來就是他的隣居張天財啊！他到底怎麼死的呢？聽說他和幾個小朋友爬到靠在沙灘上的船底下去玩，另有兩個小孩從船尾爬上船舷預備躍下來；用力一跳，把船身原來是右傾的變爲左傾，張天財就壓在船底下了。等小孩們叫喊，大人們來到把船再翻右時，張天財的三寸氣已被壓斷了！慘，張天財死得好慘！

收屍之後，那天晚上，他上床睡覺時，還聽見張天財的父母啼兒哀聲，他心中十分難過。在床上，忽然記起去年張天財曾和他一起去玄帝廟抽簽的詩，當時已記不清楚了，只好像有「……石上種花……殘霞」等字。

第二天一早，他就跑去玄帝廟去找那首簽詩，不錯，是：「今朝之事，石上種花；明年此日，一片殘霞！」因而又記起去年他曾替張天財詳解所說的話，想不到簽詩所言，竟是如此！

因此他在路上就想，如果「一片殘霞」就是「死亡」的意思，那麼，「殘霞」和「青雲」，不是差不多嗎？他的「青雲有路」，可不可以解作「死亡」呢？如果是暗示死亡的話，那麼應所謂「一朝得志，青雲有路」的意思就是說，一得志就要死亡的了！他想，如果眞是這話，那麼還是大命要緊，寧可不讀書的！他對啊這問題經過了一天的疑慮，第二天下午挑水回頭時，又闖進廟裏去問玄帝爺了。

他跪下口裏喃喃自語地對玄帝爺說：「如果我讀書會一得志就死的話，請你給我張天財那條簽，我就不想讀書了；如果不是，你就給我別的簽！」

跪拜之後他抽了一條簽。他以很不安的心情拿了去對詩句，因爲他深怕就是張天財那條。奇怪，當他看看簽上的號碼時，竟然發現「第十六簽」四字。

這不就是他曾經兩次抽過的那條簽嗎？世間竟然就有這樣奇怪的湊巧麽？他心裏明明知道這條就是「勸君讀書……」的那一條，但在旣信又疑的心理之下，依舊去對詩句，一直看到了「……青雲有路」才相信確然是眞的。

這還不妙，還有妙在後面，人都是「受寵若驚」和「患得患失」的心理，小孩子此種心理更甚。他對這條抽到三次同樣的簽詩，也發生有此種心情。

他這人對事從小就有「存疑」的心理。這條簽他雖然親手抽到了三次，而他依舊懷疑它是湊巧，或者簽上的號碼有毛病。他曾懷疑到「第十六簽」恐怕不只一條。因此過幾天他又闖進玄帝廟去了。他又想再試一下。這一次他却鬧出笑話了。這固然是由於他存疑和好奇心理所造成，也因為他不用燒香燭，即香港所謂「霸王」簽所致。如果他當時被廟祝碰到，當然不許他抽霸王簽，那他一定連一次也沒有抽成的。現在他竟然一次又一次，連現在已經第四次了。

他偷進了廟殿，把簽統中的簽統的拿出來一看，其中並沒有相同的號碼，而「第十六簽」也只有一條。由是他再把簽條放回筒中，再向玄帝爺下跪磕頭。論理，他跪拜之後就應當平心服氣地走開才對。然而，他不這樣做。

千不該萬不該，那時他竟然又浮起一種心意：今天我看清了號碼，讓我再試一試看看怎樣。由是，他順手再拿起簽筒——這次他不用模，依一般人的辦法，搖摔簽筒，把簽摔出一條。摔，摔，摔，他摔出了一條簽。此次因為廟祝不在廟中，他就鄭鄭重重地依求簽的步驟，把簽條安放於香爐上面，拿了杯珓，擲向地上三下，卜一卜是否這條神簽，杯珓擲地，一陰一陽者三次，告訴他「信，信，信，」正是這條簽一點也不錯了。由是他取下簽條去看上面的號碼。果然這次不再是「第十六簽」，簽條上紅字寫的是「第五十六簽」。他滿心想，過去既然三次都是吉簽，這條當然也是好簽的。

他拿了簽詩，他心裏有些不安，恐怕詩意不吉。原來這條第五十六簽，就是最末一條的簽。他對到號碼發現一個奇怪，所有的簽詩都是每首四句，惟獨這首僅有兩句。你想這兩句詩說的是什麽話呢？寫的八個字是：來意不虔，罰添丁油！」哎啊，他一看見「罰……油」扭轉屁股，把竹簽插還簽筒馬上就跑，深怕被人看見了要他罰油那就糟了。他跑出廟門也不敢回頭，即刻担水，快步回轉家門。晚上，他一個人又喜又驚。驚的是那「罰油」的事，喜的是這玄帝廟簽詩實在有趣。由是他就重温了這兩三年的「讀書」好夢和「求簽妙事」，便寫了一首題爲「神簽」的五律小詩。

詩云：「自揣貧家子，海鄉應業餘；復思勤苦讀，或可倚高車。年幼疑能否，廟中卜實虛：神簽如有意，三次勸攻書。」

這首小詩所記的事，後來果然應驗。這位朋友果然從小學而中學而大學畢業，也做過不大不小的官，更好笑的，他告訴我，他抽簽後不到兩年，就到城裏去讀書了，一直很少回鄉。就是偶爾還鄉，也記不起那麽遠的往事；就會記起往事，也不會再到那廟裏去；所以他至今還欠玄帝廟的「罰油」呢！

他又告訴我另一件靈簽的故事，那是他的鄉下小學校教員的事。他說，他求簽罰油之事的第二年，鄉中果然興辦小學堂來了。小學校有許多新課程，必須向城裏聘請一位師範學校畢業的教員，由是就請了一位鄭先生來。

說也好笑，這位鄭先生雖係師範學堂出身，而思想却並不新：他不特不主張破除迷信，凡關于求簽，卜卦，算命，看相等一切迷信之事通通有興趣。當然他之所以有興趣，也有許多應驗的事實。

鄭先生告訴他們說，他去年春天曾算過命，算命先生說他今年立春之後十日左右要離家出行，而且要去近水的地方。但他是一個最怕出門的人，而且因爲會暈船，出海行舟平生只有兩次，其苦已怕到透肚，决不願再登舟的。而事實上呢，他今年立春後的第八日偏偏就要搭船過海跑到這海鄉來當小學校教員，這不太奇怪嗎，事情的經過是這樣：

原來鄭先生去年夏天死了母親，花了一筆治喪費用，因而他就虧負了許多的債。到了舊曆年關，各方逼債臨門，無法應付，本來他是城裏一家公立小學的級任教員，因爲逼債的人跑到他學校裏去吵鬧，校長竟然叫他辭職。既苦債，又失業，且屆舊曆年關，鄭先生認爲已到了山窮水盡所謂「絕路」的時候，他就决定自殺。由是把舊衣服典當了的錢，買了三錢重的鴉片，準備入夜仰毒自盡。

關于仰服鴉片自殺，他知道必須吞服生鴉片，同時吞服一錢也可以死，不過有痛苦；如果多吞一點，就快些畢命，痛苦也可減少；所以他那天夜裏吞服的是三錢的生鴉片的。他本想要死就死得乾脆痛快。但事情却很奇怪。

當他寫好遺書，衣服穿齊，將三錢鴉片一飲而盡之後，筆直地睡在床上等死。幾分鐘後，肚子裏「支支咕咕」作響；一會又放了幾個大屁。他覺得，不特一點沒有痛苦，而且有一種說不出的舒服。他想，原來人家自盡吃鴉片要吃多，大有道理，像這樣舒舒服服地死去，還是善終呢，何樂不爲。

一會兒他就在迷迷糊糊之中死去了。半夜裏他的靈魂離開了睡床。他想，此生活着雖然很煩惱，而今夜的死，却死得夠輕鬆。他知道，天一亮，他的屍體就會被隣居曹大嫂發覺，他的遺書就會被新聞記者拿去發表的。由是他想再看一看他的遺書一字一句的重讀一遍。

讀完了遺書，他又想今夜死得痛快之事，由是他隨手拿起筆來，在信末的餘紙上，又補寫了這一段：「再者，人生難得將生死告人，而今我鄭某却能將此事昭告世人：仰服生鴉片兩三錢，匪特死無痛苦，且有不可言狀的舒適。」下面還題「鄭某死後魂附筆」等語。

當他寫完重看一遍自覺得意，看看又看，不知不覺中，「哈哈」大笑一聲。這一笑，靈魂出了毛病；靈魂的行動被人發覺了。

「鄭叔叔，爲甚麼你這時候還沒有睡？」他聽見隔壁曹大嫂這樣問他，他馬上吹滅燈火，一聲不响。

他想，爲甚麽我的鬼魂在做事而曹大嫂會曉得呢？難道剛剛不是我的靈魂，而是我的僵屍嗎？由是他躡手躡足走到床邊，伸手去摸他的屍體；摸來摸去，摸不到自己的屍體，一時心急，不禁大叫一聲：「哎啊！我的屍體那裏去了？」

這一叫，却把隔壁的曹大嫂嚇壞了。她把棉被蓋過頭，兩手兩脚亂舞亂踢，把曹大哥踢醒了。

曹大哥罵她的女人說：「你發瘋了！看見鬼麽？」

「是，有鬼……鄭叔叔房中有鬼！」曹大嫂這樣回答她的丈夫。

「鬼話，是你自己做夢！」曹大哥罵她。

「不是夢，你不信，你可叫叫他吧！」

由是，曹大哥就朝向隔壁木板喊了幾聲：「小鄭！小鄭！」又拿起拳頭向床頭板壁上用力打了幾下。

奇怪，另一個同居的一家人都被吵醒，而小鄭的房中却一點聲音也沒有。

這樣一來，曹大哥倒也疑心起來了。由是他起床，點燈，穿衣，還叫另一同居老林也起身作伴，壯壯胆，一道去看看小鄭到底甚麽事。

鄭先生的鬼魂這時候在想：我本來不想太使他們受累的，我的房門沒有門好，就是爲免他們明天破門而入的麻煩，想不到我剛剛鬼魂做事會被曹大嫂覺得，現在累得他們兩家人在這半夜裏受驚又受累，眞對不起他們了。

這時候曹大哥和老林穿好衣服，兩個人手裏都拿了一隻油燈，並肩走近小鄭的房門。那時他們發覺房門沒有上閂；他們敏感地想到是失竊了。他們心裏想，剛剛曹大嫂聽見的鬼聲，那一定是小賊所虛弄的。由是他們推開房門，進入房中。好奇怪，房中並沒有失竊的樣子，而小鄭也還睡在床上。他們把油燈放在床上時，發現一封書信還擱在那裏。

他們低頭去看，看到「……吞服鴉片兩三錢……鬼魂附筆」時，「噯啊」一聲，他們奪門奔出去了。

「快些起來去抓鴨子來灌血，小鄭吃生鴉片了！」曹大哥在喊他的女人。

「不曉得吃了多少時候，如果氣斷了，灌鴨血也沒用的。」老林這樣說。

「好！讓我進去捫捫他的鼻孔。」曹大哥又壯着胆走近小鄭的床邊，伸手一捫，說：「還有氣，快些殺鴨子！」

這時候鄭先生才知道自己還沒有死。他想，既然沒有死，何苦讓他們來灌鴨血呢？

由是，他就低聲地說：「不要殺鴨子，我還沒有死！」

第二天早上，鄭先生拿了那包鴉片油紙，到鴉片舘去交涉。他想，鴉片舘賣假貨實在可惡。

昨晚虧得他是尋死，如果別人買來救急做藥，豈不誤人了？他越想越氣，預備到烟舘時和他們大鬧一場。

可是當鄭先生剛踏進門，昨天賣貨的那個人，將早已預備好的昨天買貨的錢交還他。一時鄭先生莫名其妙，一肚子氣話也說不出來。

一會那人就對他這樣解釋說：「昨天當你進來買貨時，剛好有一位你的好朋友躺在床上抽烟。他知道你年關過不去，買貨定要想自殺的；所以他關照我們把烟灰加料給你的。」

無奈何鄭先生就離開相舘。一路上他想，命雖然有人救了，但這個年關却怎樣過呢？剛好路過一所仙爺廟，那裏靈簽是有名的；由是他就走進廟，想求一條簽。這仙爺廟的簽譜是印在紙條上面的。是有字又有畫的合解簽。

鄭先生所抽的簽題是「舟」，畫着一條船，下面的解語是：「人已還，舟將濟」六字。這簽意很明白，「人已還」是指他昨夜自殺被救；「舟將濟」的「舟」與「周」諧音，意是將有人「周濟」他的意思。因爲他相信這一套，所以頗爲自慰。

過了兩天，他由朋友的介紹，接受海鄉學校的聘約；因爲可以預支三個月薪金過年之用。過年後沒有幾日，動身那天，他隨着行李登船之後，才記起仙爺廟簽詩所謂「舟將濟」者，原來不是「周濟」之意，而是「浮海」之意。

鄭先生因爲相信抽簽的事，所以到校不久就打聽鄉裏有沒有抽簽的地方。我友當然把玄帝廟告訴他；而且也將他過去抽簽的經過說給鄭先生聽。鄭很高興。

有一天鄭自己就去抽了一條簽。回來時告訴他們說，鄭在他們校裏教書不會教很久的。

他們問鄭抽的是甚麽簽？鄭把簽詩念給他們聽：「今朝之事，石上種花；明年此日，一片殘霞！」

友人接着鄭的話尾，不禁驚慌喊道：「嗳啊！先生，這首簽詩是不好的啊！」

鄭連忙答說：「並沒有甚麽不好，只是明白說明我在這裏的事是不會超過一年罷了。」

鄭雖然這樣解釋，而友人心裏却不大愉快；因爲他知道，這首簽詩就是張天財所抽的那條死人簽啊！由是他就請求鄭先生再去復一簽。他不贊成，他說他自己對此簽並無絲毫疑惑，沒有復簽的必要。友人又說，我們學生希望他能夠長久在這裏，讓我們再去復一簽可以不可以？最後，鄭答應由友人代表他去復一簽。

這次我友是領了鄭先生給他買香燭的錢，到玄帝廟正正式式抽簽去的。那天廟祝看他很奇怪，窮小子今天竟然有錢買香燭。友人也特意在廟祝面前裝起香客姿態。

他跪求的時候，心裏擬意的兩件事：第一、鄭先生在這裏會有幾久？不至像張天財麽？第二、他希望鄭先生能夠幫助他到省城裏去讀書。經過抽簽，玟卜之下，我友所得的簽詩是：「春來冬往，去不復返。桃李門牆，相隨匪遠。」

就字面上看，這很明顯的是說：「鄭先生今年春天來，今冬就要回去；而且不會再來。」到那年年底，學校放假，鄭先生就回家過年。本來他是決定明年再來的。而事實上呢？到了正月，他突然來信說，已受聘爲省立師範學校教務員，不再回來了。

奇夢紀驗

無論今日科學心理現象曾對夢的成因有種種的說明，但對於夢的應驗，仍不能否定也還未能作出科學的解釋。如果每夜時常做夢的人，固然屬於心理作用，也不會應驗；但若偶然做夢的，或有一件大事在心中的，則做夢的夢每每會應驗，這一事實卻也是大家所相信的。關於驗夢之事，無論東西古今都一樣有很多的記載，而且不是見於野史，小說，而大都出於正史，大書的。古代各國都設有占卜或解夢的官員或祭司之類，專門爲帝王或大臣們卜吉凶，詳夢兆的。即現今原子時代，在報上也還不時看見關於奇夢應驗的新聞之夢，好像是人生另一面的生活。人既不能無夢，而許多世事又和夢一樣的過去。

所以，我們本身就好像是一場春夢，甚至就是在夢中過着那變幻無常，憂樂不時的生活。現在我們願意把古今的驗夢，擇其有趣的，把它記出來，作爲本欄讀者在「浮生若夢」中，能得一些實際樂趣。大家似乎都熟悉「姜太公在此百無禁忌」這句話。用大紅紙條寫着這九個字在門口，據說可以避邪。

不管這是完全屬於迷信的事，而其對於避邪心理有幫助也是事實。現在請就以古書中有關於姜太公的兩件驗夢故事說起吧！

詩經上有說：「吉夢維何？維熊維羆。」又說：「大人占之，惟熊惟羆，男子之祥。」古人在夢中得到經驗，如果做夢狗熊和人熊的，便是吉夢。如果卜卦也得此卦象的：問生子，是得男之兆；問人事，是男子之吉。古代是神權時代，自帝王至平民，每有大事都要詳夢或卜卦，所以像周文王那樣的聖哲，每有夢象，也要占卜爲決！

有一次他要出獵，占卦說是：「今日獵得一物，非龍，非螭，非熊，非羆。可作帝王之師。」

文王看了此卦象，雖然知道今天出獵必有所獲；但也不知到底所獵的是什麽東西。

那時候姜太公的名字叫做姜尙，他雖然做過當時殷朝暴君紂的官員，但因紂王不聽他的話，他就棄官充一個屠夫避到文王的國裏去。當時文王的父親太公和文王都聽見姜尙這名字，心中很仰慕他，只因他已歸隱，無法找到他。剛好那天文王出獵，路過渭水，看見一個奇形怪狀的老人在那裏釣魚。查問之下，原來他就是文王父親所最仰望的人姜尙；於是傾談之下，文王大喜，就把他接回宮中，因爲父親太公很仰望他，就賜他

「太公望」的大名，又封他爲師。這是文王得姜尙的故事，也是應了文王的卜卦和古人「夢熊」吉祥之夢。

後來文王又叫姜太公去做灌壇地方的官。本來那地方每年都有幾次大風雨；但自姜太公到任以後，差不多一年了沒有做過風。文王和姜太公都覺得好奇怪。當地人民當然很歡喜，無風有雨，五穀都可以豐登，這是太平的日子。但大家對這每年必定做風雨而現在不做風一事，却莫名其妙。

有一天文王做了一場夢，夢見一個美麗的女人在路中啼哭。問她何故。她說：「我是泰山之女，嫁與東海爲妻，現在我想回去而不敢行；因爲姜尙在此爲官很有美德，我若起行，則必有大風疾雨，而這狂風暴雨一來，就使人民受災，不免損害他的爲官美德了，所以遲遲不能行。」

文王夢醒時，就召姜太公來告訴他夢中的事。果然那天有暴風狂雨從灌壇邑的外邊經過，而灌壇邑民却一點也沒有受害。文王便因此夢，不久就把姜太公高升爲大司馬，就是文武百官之長。後來他助武王伐紂，得天下，受封爲齊國始祖；又著有最初兵書「六韜」傳世；因而便成爲古代的人物了。

姜太公這故事記在晉朝名著的「搜神記」中。明朝人所著的那本神異小說「封神榜」，就是根據這故事發揮的。由於封神榜的宣揚，姜太公又成爲封神的主帥了。

晉朝著名詩人陶淵明，也曾把當時所聞所見的神異怪事，集記一書名爲「搜神後記」，其中也有驗夢的事的。說當時有個官居中書郎的名叫王悅，他的父親王導有一天做夢，有人用百萬錢向他要買他的兒子。王導夢醒心中甚覺不安，認爲此夢不吉。於是他從那天起，日夕爲他兒子王悅的平安向天不斷祈禱。奇怪，有一天他在家中花園裏種花，掘地時竟掘出錢來。在地下掘出一二個古錢本也是平常的事；而所希奇的，他越掘越多，竟符合了夢中的百萬之數。這一下他怕了。於是他一面把所掘的錢全數收藏起來，一個也不動它，希望夢中之事只此而已，不再發展下去。

但是，事情偏不如此；不久，中書郎王悅果然病了，越病越嚴重，王導悶在心中，憂愁數日也不進食。於是他就跪到當時人所信奉的蔣侯廟中去祈求。所謂「蔣侯」，是東漢時人，名蔣子文，本是嗜酒好色之徒；惟有武功，善戰，漢末年曾爲尉官，與賊兵交戰時，被賊兵擊死於鍾山下，就是現今南京的紫金山。蔣子文生前，曾自言自己的骨是青色，應當是神不是常人。所以到了三國時候，孫權部下有人有一天白晝在路上看見蔣子文的鬼魂，乘白馬，執白扇，而且有很多侍從跟隨他，好像生前做尉官時一樣。於是人們就說他死後爲鍾山的土地神。又因爲附近的人也常見這蔣子文許多靈異之事，竟使當時三分天下有其一的孫權，因怕他的靈異作祟，追封他爲都中侯，替他在鍾山立廟且把鍾山改名爲蔣山。說也奇怪，王導到蔣侯廟祈求之後，果然有一天看見有一個形狀甚偉的人，披甲持刀來到家中。

王導問：「你是何人？」

那人答道：「我是蔣侯，你的兒子病危了，我要爲他請命，你可勿懼。」於是王導就請他飲酒。一飲數升。飲畢，蔣侯竟勃然說道：「中書的命運已盡，不可救的了！」

話說完，蔣侯已不見，而王悅也立即氣絕死了。

陶淵明是我們中國人所崇敬的一個有品德的學問的詩人，上面所述的王導做夢應驗和蔣侯神異的事，是他所記的，我們似乎不能說這是陶淵明所杜撰的。說到南京鍾山蔣侯廟，使我想起曾在南京担任五省聯軍總司令孫傳芳做夢應驗如神的故事。

該是一九二六年前後，北洋軍閥孫傳芳在南京自任江蘇，浙江，安徽，江西，湖北五省聯軍總司令的時候，他差不多也有三分之一的天下；於是他想起三國時的本家孫權，也知道孫權敬畏蔣侯的故事。

那時候我有一個朋友何洛文，在他那裏當參議，朝夕與孫相處。據說孫本人甚迷信，平日相信靈異，命相和夢兆之事的。

有一次孫傳芳出巡江西，路經一個寺院，看見附近山光水色幽雅非常，就下車小憩。想不到當他步入寺堂時，不禁大爲驚異；原來佛堂前面竟然僧尼雜處，一片胡鬧之聲；而更奇怪的駭人的，佛殿的一角，有一個尼姑手執屠刀正在那裏殺羊，準備大烹宴客。孫傳芳立即傳令該寺住持方丈，責其何以佛門有此荒唐不法之事。那方丈向他合十解釋道：「我們聞知今日總司令駕到，山中無有佳味，羊乃食草之獸，其肉非葷，望總司令賜罪賜罪！」

他聽見和尚竟然也如此荒唐，立即拔出腰間手槍，砰的一聲，打死了方丈之後，自己在汽車裏沙發座上一跳，原來是出巡車上小睡的一場怪夢。那時他也自覺好笑，就把方才所夢的告訴和他同車的柯洛文。

湊巧得很，當其驚夢時，剛剛路經一個寺院門口；他張目一望，着即停車。信步進入寺陣，眼見羣僧正在那裏誦經舉齋。他熟視桌上的素齋，粗飯之外，鹹魚青菜一味而已。因而想起剛才在車上所做的夢，那個夢中和尚所說的：「山中無有佳味，羊乃食草之獸，其肉非葷」的話，這和尚所食的，等於就是羊了。一時他頗有感觸。

回到車上時，他又對柯君說，他方纔在路上的夢，實屬凡人惡念，愧對佛門。聽說，就從那天起，他就有心皈依佛教。

人生實在奧妙得很，後來孫傳芳被北伐軍擊敗之後，下野爲民，避居青島時，晤一高僧，就把他夢前告知高僧，請其解釋。那位和尚只說這是塵念未清所致，勸其皈依佛門，茹素葆眞。

眞想不到，就在青島時的一九三五年十一月十三日，正在禮佛聽經的「居士林」堂中，被一個不共戴天之仇的弱女子施劍翹，平日冒充聽經，那天坐在孫傳芳背後，拔出手槍把他殺了。因爲孫傳芳是肖羊，所以前夢的「尼姑殺羊」，就完完全全應驗在他自己身上了！

像這一類要等將來事實發生之後才知完全應驗的夢是常有的。有人說，這是造物者的一種啓示，只是凡人不夠清心，所以不能先知罷了。現在再舉明朝宰相葉向高驗夢的故事一說，那是比孫傳芳的夢更奇妙多了。

明朝著名的三朝元老宰相葉向高，福建省福清縣人，他的驗夢，乃是向神廟中祈求來的，人間應驗的夢可分爲兩類：一類是「託夢」，一類是「祈夢」。託夢是由鬼神向人交託，是「指示」性質，所以大都是明顯的；而祈夢乃人向神祈求，屬於「默示」性質，所以大半是隱晦的。有人說，這就是所謂「天機不可漏洩」，所以祈夢大半要事實發現了才明白的。葉向高的驗夢屬于這一類，所以事前莫名其妙，而事後則完全證實。

話說福建省閩侯縣和長樂縣交界處，有個因「祈夢」出名的地方，叫做「石竹山」。廟中供奉「仙君」九尊，神像都是孩童的樣子，相傳他們是九兄弟，因水災得道於此。福建石竹山仙君祈夢之靈，也好像江西龍虎山張天師一樣出名，全國各地春天不辭千里而來的，常使廟中人滿無處下榻的。

葉向高少時就是一個極其聰明也極其俏皮的孩子，他一則為好奇心所驅使，二則也要知道自己的前程如何，也去石竹山祈過夢。

他祈的夢很奇怪。夢見有人告訴他，說是要知道你自己的前程，當回家裏，去捫你嫂嫂的奶。那時候他雖然年少，也知道這是無禮之事，於是他不相信這夢是仙君的啓示，半夜得夢時，就起身依祈夢的手續，焚香之後，取了杯珓，卜一卜對不對。杯珓所顯示的是「信」，第二天就回家去了。回到家裏，心中悶悶不樂，不知所以，因為他自己絕對不敢去捫嫂子的奶的。

過了幾天，他有位嬸母，看見他自那天祈夢回來都是悶悶不樂的樣子，就問他到石竹山祈的什麼夢，起初他不肯說，後來逼不得已就將夢中情形告訴嬸母。嬸母却很開通，說是既然仙君如此指示，就這樣做也無妨。於是他們約好要等嬸母在場時去捫嫂子的奶，嫂子生氣了好讓嬸母向嫂子去打圓場。

由是有一天他眞的去捫嫂子的奶奶了。嫂子被他一碰，一個鄉下女人，隨嘴就大聲罵道：「絕嗣！除掉皇帝就是你！」這是一句鄉人女人通常罵人大胆的意思。

接着，他的嬸母就向他的嫂子解釋這是仙君的託夢，經她同意這樣做的。嫂子聽了就轉怒爲笑，反而懊悔剛剛罵他的話太重了。不過，當時葉向高對這句話不甚瞭解，因爲他年紀還小，只知「除掉皇帝就是你」就是「太子」，而自己的父親既不是皇帝，而上面還有「絕嗣」二字，那就是「絕望的太子」的意思了，想起眞是又氣又好笑了。

若千年後，葉向高想上京考試；動身前，他又去石竹山祈夢。此次他和一位親戚同去。他問的是功名前途，那親戚問的是病人的事。奇怪，他們兩人竟然同樣得這樣的一個夢；他在海中游泳，一隻小舟竟然向他的口中划進去；之後，他驚恐不安，跑到山上向一個農夫求救。夢醒後，兩人相告同夢，不勝驚奇。但不知此夢將作何解。

因爲葉向高和他的親戚所祈夢的事不同，而兩人所做的夢竟相同，所以就不知怎樣解釋了。

第二天早上他們倆就打道回家。走到石竹山山下，看見有一個農夫在那裏耕田。兩人不約而同地記起，這農人就是昨天晚上夢中向他求救的那位農夫，於是他們就商量把昨夜的夢境向這位農夫求解。那位親戚因爲病人情況嚴重，就急急忙忙地走向農夫，匆皇地問道：「請問大哥，船自口入，應作何解？」

住在石竹山下的人們，時常接受祈夢的客人請求解夢的；所以這位農夫就想了一下，打算說一句話的。

但一時又想不出什麽有理由的好話，於是就勉强說道：「船自口入，不必再吃！」在農夫心中，這「不必再吃」是不必再「吃苦」，再「吃藥」，再「吃虧」再「吃本」，都是好的。但是，在那位親戚聽來，却敏感這病人是不好了，因爲是不必再「吃飯」了！

葉向高看見親戚快快不樂地走開了，心中就想，如果接着就去問，必定不會有更好的說法，由是他候了一會，等到農夫停手休息的時候，他很客氣地過去向他說道：「請教阿叔，船在肚子裏，應作何解？」

這時候農夫大概對剛才的解釋有了修正，就微笑地答說：「宰相肚子好划船！」

本來葉向高自己也知道「宰相肚子好划船！」這句話；但祈夢不難詳夢難，夢兆吉凶的决定要出於詳夢人的口中才能算數的。這時候葉向高也有了相當的學問和見識，今天他一聽到農夫的斷語，就記起少時捫他嫂嫂奶奶時的「除掉皇帝就是你」的「你」，並不是「太子」而當是「宰相」了。但是，一個剛剛準備上京考試的青年，無論如何不敢妄想到那宰相崇高的地位，所以他心中仍是疑惑不解，然而，奇怪的事實，偏證實那兩次的詳夢一點也沒有錯；他一生榮任兩次宰相，也果然眞的絕嗣無子！

關于石竹山祈夢的妙事甚多。五十歲以上的人如果住過福州廈門一帶，都會聽到許多有趣的故事的。現在再舉一個名人的故事。當過中國末代皇帝宣統的太傅陳寶琛，是福建閩侯縣（福州）人。他的父親曾榮任刑部尙書。好像當時福州府屬上京考試的人，大都儘可能去石竹山祈夢的。陳寶琛的父親家近石竹山，當然亦不例外。據說，他某年因考試不第，曾去石竹山祈過夢。

夢中看見仙君笑對他說：「你的功名，「海底捫針」！從那次起，他就决心棄文就商。不再打算再應試了。所以他到了三十六歲時，還在一家鮮魚行裏當賬房的。

但是，事實却又很奇怪。三十六歲那年，是逢會試之年，不知如何，他的功名之念，死灰復燃，又打算入京應試。

有一天晚上，他把應試的書籍等拿出來隨意翻翻，看見那些書籍的線裝多已爛斷，不便携帶了。於是他就想把那些書籍重新線裝訂一下。

剛好那天晚上鮮魚行裏的賬目都結好了，就趁此機會自己親自動手簽訂舊書。那時他已找着了線，而引線的針却找不到。於是他就向店中夥友索取衣針。夥友告訴他，一把大號的針插在貼春聯的柱上。那一對屋柱上貼着一付大紅紙的春聯，文句正是那「生意興隆通四海，財源茂盛達三江」的一般商行的俗句。他走向那裏去找針。因爲春聯是紅紙黑字，一把小針插在上面，好不容易找到的。

最後他尋到針時，忽然福至心靈地會悟到若千年前石竹山祈夢中所謂「海底捫針」的意思；因爲當時那把針正是插在聯句中「海」字的底下。這固然也可以說是偶然的事無足驚奇；但是，他本人對這一發現，却有無上的魅力鼓舞了他應試的無比勇氣。而事實的結果，他也就在那年的會試名登金榜，而且後來竟然官至刑部尚書。想不到這怪夢竟然如此奇驗了。

陳寶琛還有一個表叔，原來也是想應試求取功名的；爲着在石竹山祈得一個好夢，害了他半生埋頭窗下，耗盡家產，結果半點功名也沒有。這表叔姓林，所祈得的夢是自已坐在一張特別高的靠背椅上，而頭頂上且遮蓋着一把三層紅錦的「一品傘」。這不明明是官居一品之尊的表象嗎？但是，事實上這位林先生却是屢作考場失意之人。

最後年紀大了，就被廹棄文就商，斥資開一燭店，好奇怪，開店原不是他內行的事，而開店之後生意却很好，財運倒頗亨通。兩年之後，店中生意興旺起來了，添僱了好幾位夥計在店面做生意，而自己本是外行，就只好坐那裏看管看管了。

有一天，他在店面看生意，適逢本省巡撫大人出巡，打道經過店面。在滿清時代，像巡撫大人這樣一品大官，又屬滿族的旗下人，路經街上時，各家店舖都應當把掛在門口的直式招牌脫下來，表示對巡撫大人的敬意。

那天當然林先生的燭店也不例外，把直牌放下來。這時候，他心裏想，如果他以前所祈的夢能夠應驗的話，自己不也是一位一品大官了。正想到這裏，巡撫大人從門前經過了。他看見巡撫大人所坐的座駕，以及座駕上面三層紅錦一品涼傘，眞夠體面排場，也正是他當年的夢境。

此時，他心中又想，石竹山仙君爲什麽對別人的祈夢都能十分應驗，偏對他的夢一點也不靈呢？正在低徊往事之際，有一個朋友剛剛看過熱鬧走過他的店前，就指着他所坐的那一張特製的高脚椅，又拾在櫃枱上面的燭盤笑笑地說：「看你這樣子坐在上面，也好像是一位巡撫大人了！」

這時，他仰首向上一看，那三層的紅燭盤，原來就是他昔年夢中的一品傘！二十幾年前的好夢，到了這一天，才得到如此事實的解釋。

天下之大，無奇不有；而驗夢之事，也是無奇不有？還有一個人，爲着求子嗣的去祈夢，而所得解夢，更是奇妙。

這位到廟裏祈夢的人，已是四十開外的人了，因爲結婚迄今已二十多年了，只生下一個女兒，他的太太就不養了。本來也打算娶妾；但因夫妻感情甚好，不大願意因此傷害了夫妻的恩愛；二因不知到底娶妾了是不是就會生兒子，如果也照樣不能養，不是多餘了嗎？從前醫學對于一個人能否生育還沒有法知道，所以這位先生只好向神廟中跑跑了。又因他知道祈夢之事常隱晦難解，於是那天晚上臨睡時就焚香跪拜，誠心誠意地祈求菩薩給他一個明顯的夢，讓他一醒來就知道，不要等事實發現才分曉。

的確菩薩接納他的請求，一睡下去就有夢，夢見有人指點他，要在黑夜裏拿着燈籠去叩山下的一間小寺院的門，去請問山寺院中的一個小和尚。夢醒時二更才過。彷彿他記得來時經過山下，確有一間小寺院；但不知寺裏有無小和尚。於是他起床，去請問這廟中夜裏當班的和尚，那間山下的寺院裏，是否有小和尚。那當班和尚告訴他說，那寺院中確有兩個小和尚，爲着便利香客半夜投宿，兩個小和尚是輪值看更守門的。於是他就立即拿着燈籠向山下跑。

到了山下，也找到了那寺院，他便急急叩門，眞不湊巧，那寺院這幾天正在修理，前門不通，改走後門。原有一張小紙條貼在牆上，只因在夜裏看不見。打門之後有小和尙的聲音問道：「你打門何事？」

他答道：「請你開門，我有事問你。」

小和尙說：「你要問事，後勢來！」（後勢二字是土音，即後面的意思。）因爲「事」與「嗣」同音，而「勢」又與「世」諧音，心中又有某種心理作用，站在門外的人，聽爲：「你要問嗣，後世來」了。

於是他一時冒火，就在門外大罵小和尙而小和尙莫名其妙，也在門內大聲地說：「你無事（嗣），後勢（世）也不來，罵我何用？」這樣一來，這位祈夢先生，當然不再打算娶妾了。

又有一人也是爲着求子去祈夢的，夢見有人告訴他說，回家時，路上遇見「人騎馬，馬騎人」的時候，要向馬下人借問，再向馬上人端詳。此人對此夢不知何解，因爲南方鄉下的地方，根本就沒有馬，而且更不會有什麽「馬騎人」之理。

由是第二日他只好莫名其妙地回去了，好奇怪，他在路上碰到一隊挑夫，這一隊人是替隣鄉做「普渡」佛事搬東西的，在這些挑夫當中，他竟然看到了「人騎馬，馬騎人」的事實。那是什麽一回事呢？原來中間有一個人挑着一大担做普渡用的紙人紙馬之類的東西，在他的肩上剛巧有一套紙糊的「人騎馬」的佛像。

這一發現他喜極了。夢中的話竟然出乎意料的被發現了，這是何等的奇妙啊！於是他急步走向那人面前，低聲地說一句：「大哥，我請問你一事好不好？」

那人回答說：「好的，你要問什麼事？」

他說：「我昨夜在廟中祈得一夢，夢中人叫我今天若在路上碰到「人騎馬，馬騎人」，就向那人請問，所以我現在要來請教你一下了。

那人就問：「你祈夢爲的是什麼事啊？」

他答：「爲着是子息，」

他繼續解釋說：「我娶妻已十二年了，我妻還沒有生育過，所以今天要請教你，要給我指導指導，讓我知道關於子息之事到底如何。」

那人聞言，楞了一下，接着搖搖頭驚異地說：「子息？你比我還多一個女人，我是老單身漢，那知子息之事？」

這一下，已把他說呆了，他已無話再說了。由是他就再向騎在那人身上的紙糊的人物端詳一下；哎喲！你曉得那騎在馬上的紙型人是誰嗎？原來就是披着袈裟，騎在白馬上面的唐僧呀！

關於奇夢應驗之事，實在多不勝舉。這並不是只有迷信之人，才有此事；就是不迷信，甚至破除迷信之人，也不能沒有此事。不特要向神廟中祈求的夢才會應驗，就是通常人做的夢，也有能應驗的，這就說明了，夢不完全只是夢，夢的本身就是一種事實，同時又是那事實的「預演」，好像演劇的預演一樣。多數的夢，是顯現一生最重大的事的，雖然那事不一定是極重要的。

記得抗戰勝利後上海有一本有名的刊物「觀察」執筆的大都是全國大學教授及所謂知名之士。

在裏面曾有一篇是北京大學名教授張東蓀寫的文章，記載一段關于他自己驗夢的事。張東蓀是哲學教授，著作甚多，現在還活在大陸。他那篇文章竟然也說到做夢的事。

記得那篇文章是記載他在日本佔領北平時的情形以及他自己的遭遇。他說，他在北京大學被日兵佔領之後，曾被日本憲兵囚禁在一個地方。當時他因氣憤不過，很想自殺；但日本憲兵防備甚嚴，既沒有好的機會，而所囚禁的地方，竟也找不到可以自殺必成的工具，有一天他被移到另一地方。一走進去，他發現某一種東西，使他一見胆戰心驚非常怪異。那所屋子當然是他以前沒有到過的，但他却十分熟悉。他記得很清楚，那是他若千年前夢中見過的。最使他無疑地證實是夢中見過的，就是那墻壁上的一隻大鐵釘，其形狀是他從來沒有見過，只是在那次夢中見過，所以記得特別清楚，當時他以爲既然夢中之事發現在眼前，而自己又想自殺，那此地當係命定的是一個「畢命之所」了。於是他就利用日本兵走離門口的時候，就把頭向那大鐵釘猛撞；結果，肉破血流，人事不醒，昏暈過去了。

雖然張東蓀此次自殺沒有成功，那地方並非他的畢命之所；但，他是一個以讀書爲生的文人，竟然被日兵抓去，受此苦難，而且企圖自殺，這倒是他一生重大的事了。類似這一生重大的事，每每會在夢中預兆的。

數十寒暑，確有「浮生若夢」之感。我們想起往事，何嘗和做夢有什麼兩樣？如果過去的就像做夢的話，那麼現在的一切，不是就等於未來的夢？而未來的事也就可能於現在的夢想中求之了。的確我們有許多未來的事可以想像得到，也有許多的事可以如願而償。但是人生的願望與想象却常常裝空和錯誤；而「夢想不到」的事，誰也不能不時常碰到；因此，人生的「事蹟」和「夢境」就難免混在一起了！

人生更奇怪的一事，那就是我們不特比其他動物多了一件會在睡覺中「做夢」，而且所做的夢又是奇奇怪怪；這還不算，更奇怪的所做的夢又會應驗成爲事實，這就妙不可言而爲明日科學還不能解釋的問題。

我有一個朋友，說他的太太當閨女時曾做一場惡夢。什麽惡夢呢？夢她自己出嫁那一天是穿着喪服上轎，而且和她洞房花燭的不是男人而是女人。

我說：「既然是你的太太，而你也沒有死，這夢還有什麽可說呢？」

他說，這是在說夢，他的太太出嫁時的事實實是如此，要我猜猜看何以會有此種事實。我以爲這位太太一定不是他的元配，大概嫁他之前曾經「上門守節」過的。由是我就斷定我這個朋友是他太太的第二任丈夫，而她却是一個嫁過人的處女。他聽了我這猜詳，却笑笑地說我的話已半對了，但她仍是他的元配。我不解了。事實呢？原來在抗戰期中，這位朋友服務軍中不能回鄉結婚，而婚期又早經決定，在鄉村風俗不能更改婚期；由是依鄉間的習俗新郎不回家，可用雄鷄代替新郎拜堂；雄鷄不能拜，就由新郎的閨中妹子抱着雄鷄行禮；當晚洞房花燭，也就由小姑伴着新娘過夜了。這就是夢中的兩個主要事實。

至于穿着孝服呢？世間眞有這樣湊巧的事：當她出嫁的前夕，她的父親突然因女子出嫁事忙，中風去世；她雖然不能穿上整套孝服，却按古禮，上轎出閣時要帶上麻沙，等到快到夫家時把它除去，所以也應夢中之事了。爲着戰事的關係，她與雄鷄拜堂一年之後，我這位朋友因作戰負傷調到後方才，得到機會回家補行婚禮的。正式洞房之夜之日，因爲新娘在家中住了一年多，已經成爲舊新娘而不是新新娘了。

家中人都聽見過新娘未嫁前做夢的事，大家就重新把舊夢說給新郎聽。新郎是剛從抗戰前線回來的青年人，當然不相信有此種怪夢。新娘不服，就當着家人面前對新郎說，我當時在夢中還有一事沒有對大家說過，今天你已經平安過來了，我可以再把這一個夢境說出來，你就不能不相信了。到底她又做過什麼夢呢？說來實在更奇怪了。

她說：她夢中洞房之夜抱一個女人同睡；到了半夜，她伸手去捫女人的奶，發現那女人已經變爲男人，而且左乳上面有一塊難看的疤痕；她一怕就縮手回來；那男人說，你不用怕，見到這塊有疤痕的才是你的親丈夫。

她說，她當時所以肯嫁過門與雄鷄拜堂，就是因爲夢中這一事，不然的話，她却不肯上門守活寡的。這位朋友聽她這一說却呆住了。

他想，他今天到家裏還沒有過夜，衣服也沒有脫過，而且這塊左乳上疤痕是前三個月才負傷的，何以竟在若干年前她已於夢中見到呢？莫名其妙，眞是莫名其妙！

又有一個朋友的小姐，十幾歲時因爲容貌不美，婚事諸多周折。有一天她對她的母親說，此後不必再和人家說親了，將來必有一天有很多男子向她求婚。

母親問她有何根據？她昨夜做一個夢，自己做了一員大官，坐在台上演說，講的是天下國家大事，台下有聽衆文武百官和民衆幾萬人之多。演講之後，有很多的男子，有的寫情書，有的寄相片，有的登門求見，向她求婚。

她說，夢中好像有人告訴她，這夢就是預表將來的事實；所以她今後决定不再和人家議婚，等待那一天衆男子向她求愛。

母親聽了笑笑，明白這是她因議婚不成的心理反應，就問她夢中後來到底嫁的是什麽人呢？她答不出，只說夢見很多人向她求婚，却沒有做夢結婚，這隨便說說也就過去了。但若干年後，這位小姐果然大出風頭，眞的有很多男人，寫情書的寫情書，寄相片的寄相片，登門求見的登門求見。

當她有一天在辦公室接見一位英俊的青年，因爲這位第一個被接見的青年，沒有說幾句話就告辭，使她猛然想起若干年前的夢境，突然痛哭起來，發誓永不接見男人，决定實行獨身主義。

原來她那時是在廣播台當廣播員，因爲她的聲音十分美妙，引起聽衆誤會她的姿色一定不差，致使那位青年，在一見之下，大大失望而去。

大約三十年前，上海曾發生過一件「姦屍」案。事實是這樣：有一富有人家，死了一個十八九歲的小姐，屍體送到殯儀館去收殮。因爲這位小姐很漂亮，屍體經過殯儀館化裝師替她塗脂抹粉，又穿上美麗的新衣服，臥在殮床上，看過去簡直就是美人春睡。

家人看她化裝完畢，就回家休息，留下一個十七八歲的小當差在殮房門口看守。

死者的母親，在回家的半路，忽然記起她的亡女在若干年前曾告訴她一次惡夢，連忙回頭趕回殯儀館。但是「哎喲，來不及了！」她看見那小當差已不在殮房門口。慘！當她推開殮房的門，撲向亡女下身一撫，死者已被那畜生姦污了！

事後死者的母親告訴人家說，她那天之所以半路趕回殯儀館，就是因爲亡女少時曾做一場惡夢。做的是什麽夢呢？

她說，她的亡女在十五歲生辰那天曾做過一場惡夢也是怪夢，夢她自己臥在一部棺材裏做新娘，而一個賀客也沒有，靜悄悄地結了婚之後，那位年輕的新郎就被官裏捉去了。因此她那天在路上記起四年前亡女曾做過這夢，又想起那當小差留在殯儀館，於是就馬上趕回去，但已來不及了。至于那個小當差，也曾做過怪夢的。當他當日被捉去官裏去之後，不久被判無期徒刑。

本來强姦罪還不至判這樣重的刑，因爲强姦屍體，加重處刑，當他判刑後送去上海提籃橋監獄去執行時，踏進獄門之後，一趟一步非常熟悉，好像回到自己家裏一樣，獄吏問他：「你以前在這裏吃過官司嗎？」

他搖搖頭說：「官司雖然沒有吃過，到這裏來的夢却是做過的。」獄吏不信；把他的監房號數編好之後，叫他前行，說他如果做過夢，當然曉得自己監房的號數。他說，號數雖然已記不清了，但路徑似乎還識得的，由是他就前行。獄吏和獄卒就好奇地跟隨他的後面走。

他一邊走，一邊告訴獄吏說：「我記得，今天我的監房一共有三人，有一個是拐脚的，還有一個是白髮蒼蒼的老人。」

怪嗎，當他停步在監門門口的時候，房子裏面已有兩個人。一點也不錯，有一位白髮老人，又有一個是拐子；而且這拐子是今天上午才調到這間監房的。

聽說後來這位小當差曾經大赦減刑，現在大概還在上海。像這樣的驗夢實在太奇怪。有的驗夢只是單方面的，而這個怪夢却是男女雙方都做這奇異的驗夢，到底其中是何道理呢？做夢應驗雖不是常有的事，而人間有此事實則是不錯。

這會應驗的夢到底是什麽道理，其中有無科學理由可以解釋呢？近來已有許多心理學家和靈魂學者在埋頭研究，我們相信，只要是事實，其中的奧妙將來必有被發現的一天的。

有個河南的朋友黃兄，他曾是河南省黨部委員。黃兄是河南鄉下人，雖然天性純孝，只因他少年得志，經歲作官異地，以致他父親棄世時不曾在側送終引爲終生遺憾；因而他就矢志承歡老母膝下，養老送終，畧盡子職。抗戰軍興，他心中朝夕不安，怕他送終之願不能償；因爲當那兵荒馬亂之日，人事時有變化。有一天他到開封西郊一間廟燒香，祈求神明能給他老母保佑，不死于戰禍。

不吉得很，當天夜裏竟做一個惡夢，夢見他的母親在荒野中死于馬背上面；而且母親原來是小脚，變爲粗大的天足，穿着一雙男人鞋子。

半夜醒來，急急披衣到老母房中去省視。母問何事？他說夢見母親墮馬身傷。母笑道，她少時雖常騎馬，但因一次跌傷，就不再騎了。

黃兄聞言心想，母親今後不會再騎馬的，這大概是心有所慮而造成的野夢吧。人間像這樣的野夢也是常有的。

不久，因爲開封常有敵機空襲，黃君就辭去職務，隨老母搬回鄉下去住了。一年之後，那天是九月初九重陽節，黃君到另一鄉村親戚家中吃喜酒去。本來他母親也應當去的，因爲路上怕有敵機偵察掃射，所以不去。

這幾年來，黃君非萬不得已不離家，就是偶爾出門，也必在一日可以來回的里程之內。那天他上午去，預定晚宴之後返家的。但在午後他忽然心血來潮，似感到將有意外之事發生的樣子。他沒有別的心事，所怕的還是家中老母有無意外之事。

於是他告辭親戚，決定立即返家，親戚看他心焦得厲害，就借他一匹馬，讓他快些到家。歸心似箭，一路上他打馬加鞭。

眞是「天有不測風雲，人有旦夕禍福，」半路上，他遠遠望見前面有一單騎飛奔而來。他心中就在忐忑。走近之，他看見是自己的堂侄。

於是他就馬上連跑帶喊：「朋新！你跑來做什麼？」

「二叔，」朋新叫了一聲，「婆婆被毒蛇咬傷，又跌 山溝！」

「噢！」黃君第二句話也不問，拉緊馬繩，夾緊兩腿，拚命加鞭奔跑。

到了家門，母親已僵臥于廳中的床架上。原來因爲那天重九，午飯後因見天氣頗好，母親歷年的慣例要登高避災。在半路上，脚下被毒蛇咬傷，因痛極蹭蹬顚仆，又跌入路旁的山溝裏去，待家人把她救回家中已不能說話了。

黃兄抱屍痛哭之後，當天準備大殮，在戰時，一切從簡，好在壽具壽衣等早已備好，其中惟小脚用繡鞋一雙不適用，因爲兩脚被毒蛇咬傷腫大，就臨時製一雙天足的鞋子。黃兄扣算慈母那天去世的時辰，正是自己騎在馬背上飛奔的時候，也就是夢中的母親死在馬背上的夢象了。

夢的應驗，也有許多人說是偶然的巧合的。這未免太簡單，太缺乏科學的態度，客觀的眼光。應驗之夢在個人身上所發生雖不多見，而就許多人所體驗的事實來說，却是一件值得研究的東西。

我們應當說，旣有某人的夢可以應驗，則每人的夢就也有應驗的可能，不過只怪一般人的春夢，野夢，幻夢，斷夢等太多，所以無驗罷了。

至于我們這裏所記錄的夢故事，都是作者所親聞的，因爲作者曾致力於夢的研究，所以這些故事，絕不能以偶然目之的。

大約民國十二三年時候，雲南發生一宗奇案。鄉村裏有個姓葉的人家，男人出外經商，女人在家耕作。那時候還在宣統年間，雲南鄉區土匪猖獗，有一天半夜裏，當那葉家女人在分娩的時候，土匪來臨，產婆剛剛救產完畢，屋子已經火燭了。產婆急抱嬰孩離屋，產婦來不及逃難，竟然死于回祿。禍不單行，不幸得很，產婆在逃跑中，有人在問這嬰孩是男是女？產婆答一聲是男，嬰孩又被强盜搶去了。這是於一夜之間，葉家所發生的不幸事件。

一年後，葉某才從外面回家，妻兒房屋，空無所有。於是他又重娶了塡房，一年一個，連生了五個女孩而不養男孩。因而時刻想念那幾年前被搶去的小孩。

他幻想中，如果這小孩還在人世，而且老天也如果能如人願使他父子相會的話，今年這小孩已經八九歲了，東想西想，想得他神經有些不正常。

葉君本來是和前妻的胞弟在福建廈門做生意的。有一次他妻舅接到他一封來信，滿紙思兒，情辭悲惻，語無倫次；最後要求他的內弟替他去福建著名的祈夢聖地石竹山求夢問津。他的內弟看他可憐，就依囑前往石竹山去祈夢。

相傳成例，到石竹山去祈夢的有一條規矩，就是在離家前三天要在家中吃素，同時在路上如果有人問你何往，也必定告訴人家說要去石竹山祈夢，這是表示十分誠意的意思，否則就要空跑一程沒有求到夢，或且夢意糢糊不淸，無可揣測。這規矩和情形他的內弟是知道的。

於是他的內弟總算依例十分虔誠，由廈門動身第三天就到達山上。第一夜無夢，第二夜得到一夢，夢境是這樣，在廣野上一陣狂風吹着一片綠葉，先是落在池裏，隨流飄蕩；後來又被勁風吹起，飛落一個村莊門首的梅花樹下。那裏有一個露胸的乳娘，把落葉拾起，插入梅樹的花間。

一會，又來了一個女人，兩人交談之後，那女人從懷中取出剪刀，連花帶葉又把它剪了去。

此夢最重要的一點啓示是狂風落葉；因爲那孩子是葉家之子，而且是被人搶去，頗與事實相符；但其下落如何，却頗難揣測了。落葉安可接上梅樹的花枝？又被女人剪去豈非無望之意？他的內弟不敢自作解詳，只好按照原夢，詳函覆告他，讓他自己去推詳。葉某得信之後，苦思兼旬，若有所悟。

他本想去問當年的產婆，希望能得些什麽，可惜她因借債負欠，早已隨其丈夫逃避遠方了。後來從產婆的姊姊處，得知當年產婆曾經說過初生被搶的小孩，右手大拇指是駢枝，其他則無所知。僅此一事也是好的。葉某就根據這一點遵依石竹山夢境的啓示，開始憑夢尋子工作。

經過數年漫長的歲月，到了大約民國十一年的秋天，才在雲南建水附近鄉間一所小學裏發現了奇蹟，有一個小學生名叫梅家慶的，右手大拇指是駢枝，而且面貌酷似自己，年齡也是十三歲。這奇蹟使他斷定這個梅家慶就是他的親生子，因爲這與夢境又符合了。

但是梅家是當地的鄉紳，而且這小孩是他家的獨生子，因此葉某因自己既無勢力，又無證據，如何能夠奪回孩子呢，這問題就使他大費躊躇了。又花了三四月的時間，他找到這梅家慶幼時乳娘；從乳娘處得知這梅家慶不是梅家的親生子，而是自幼螟蛉的。

葉某一知道這消息就萬分喜歡，因爲這明明是夢中所見的落葉插入梅枝的事。

由是葉某就把失子的前情告訴了乳娘，哭跪要乳娘他日替他作證人。乳娘答應了他。於是他鼓起勇氣，具狀向華寧縣衙門請求判准領回親生子。可是，當華寧縣審判所傳訊兩造審問之後，梅家在乳娘的人證威脅下，雖然承認此子確係螟蛉，但係姓池的螟蛉給他，且有螟蛉時的「賣身契」爲據，不能說是葉家之子，至於所謂駢指，可能葉某見到小孩有駢指，始持此說，不足爲憑。由是審判官又令葉某再提其他有力證據，方可勝訴，否則無法判決。

因爲案情曲折離奇，此案是由傳聞遠近。再審之日，葉某因無其他有力證據，就請求驗血。但審判官說明驗血不是最可靠的辦法，小孩的血可能與葉某合，也可能與梅某合，甚至與兩人都不合。

不意審判官正說明之際，公堂中聽衆忽有一女人起立發言。她請求堂上着梅家將小孩及小孩的賣身契提堂，她可一言爲證，解決疑案。全堂觀衆，愕然稱奇。梅葉兩家亦不知斯人是何許人也，到底將爲誰家作證。起先法官要她說明理由，她堅持必須小孩的人物提堂方肯發言，並自承如果假作見證，願甘坐罪。由是法官即着梅家的小孩及池家的賣身契提堂，以待新證人作有力的見證。

一會人物到堂，那女人便走向證人座上，以响亮的聲浪說：「我可以提出兩個有力的證據：第一，葉家的小孩，是宣統三年六月二十六日夜子時後生的，如果賣身契上寫的不錯，那就無疑是葉家之子；請堂上先查看小孩的賣身契。」

此時全場觀衆都以驚奇的神色喁喁私語。法官翻開小孩的賣身契，當衆念道：「宣統三年六月二十七日卯時生。」

那女人接着說：「那是强盜記錯。或是有意說錯。」

她轉以微笑的臉孔環顧堂中觀衆繼續說：「大家知道我是誰嗎？我就是這小孩的救產婆。」全堂聞言哄然，葉某聞言，竟然喜極而哭，跑到她面前下跪道謝。

救產婆又說：「我記得那天晚上他媽媽臨盆之際，正時盜匪放火打刼之時；我因心慌手亂，以致斷臍之時把臍帶留得太長。當時約有兩寸長，時至今日雖經收縮，當亦有寸許；請堂上當衆驗明，方知不謬。」此時全場鼓掌。

法官含笑指着小孩當衆解衣一看，「哈哈眞的！」全體驚奇嗟嘆不已。

最後經判定，梅家慶爲葉家之子，即時歸宗復姓；但因梅家無子，且對葉子有十三年養育之恩，經雙方自願，葉子認爲梅家的義兒，將來生子，以一兒子立祀梅家。由是哄動一時的十三年失子得子奇案，便得完滿結束了。

後來查明，當時雲南有螟蛉子的風氣，所以當强盜碰到產婆問明懷中小孩是男孩之後，就被搶去，不久就由一姓池的買去，作爲自己的兒子轉賣與姓梅的。想不到像這樣一件曲折離奇的事，竟然在一場夢中，指示得清清楚楚，眞是怪哉！

很多人都說，夢中的朕兆，其吉兇和事實常常是相反的。比如說，做夢得到橫財是不吉，做夢自己死亡是有喜事之類。這並不盡然。依常理說，做夢得財是空歡喜，當然不吉；做夢自己死亡，如果不把它轉解爲喜事的話，豈不愁煞人？實際上應驗的夢其凶吉大都是正面的，凶就是凶，吉就是吉，不過夢境與事實有時有些曲折巧妙罷了。

而且，最大多數的人都有「事與願違」之感，不如意的事幾乎隨時發生；由是，迫不得已，當眼前把握不住現實時，便向「夢想」中去求補充，滿足，使精神上暫時得到安慰。

這是我們人類所獨有的生活技術，也可以說是一種生活藝術。希望，想像，幻想都是浮生的一種自慰的技巧，也是造物者所特別給予人類的藝術，許多夢也具有此種價值。

我有一個留俄多年的朋友，在去俄國之前，他和一個親戚的女孩子訂婚。訂婚那天晚上，他做夢和一個女人穿着便服在警察局裏舉行婚禮；而且那個新娘，既然大着肚子，而手中還帶着一隻大玻璃盒子，裏面裝着一個小孩。問她這小孩是誰？她說是她前夫的兒子。他聞言氣得打她一個嘴吧就走了，走出警察局，記起要向她索回什麽東西，又回頭去尋她。但是回頭一去，那房子已不是原來的警察局，樓上窗口站着一個男人，問他找誰？他說是來找剛剛和他結婚的新娘。

那男人回答他說：「你快些回去吧，否則她要咬你一口哩！」

在半夜裏驚醒，他就對日間訂婚之事，不勝煩惱。

後來他到俄國去留學。到了俄國不久，就寫信回家和那親戚的女子解除婚約。他寫信給他哥哥，也提到自己從前做夢的事，認爲自己現在既然在俄國留學，在共產黨管制之下，返國並無自由，深怕到了將來回國時，恐怕會應夢中不幸之事，所以要求趁早解除婚約，免得彼此兩誤。

果然這位朋友在俄國竟一住有九年之久。孫逸仙大學畢業之後，就被派到一所國營公司裏做事。

不久，和公司中女職員談情說愛而發生肉體關係。定情的第三天，女的要求他成立婚姻關係；由是他倆雙雙到警察局去登記（當時俄國結婚離婚比現在自由只要雙方到警察人口處登記就算了）。其實，他倆定情之前，女的腹中已有前夫的種子了，女的自然知道，而我的朋友却不知情。

這在俄國原是司空見慣之事。所成爲問題的是將來這個嬰孩送進托兒所時，一切費用由誰負其責任問題。由是由女的持着醫生的證明書向前夫交涉，將來要由前夫負責。第二天那位前夫來訪後夫，請求將這胎兒歸後夫所有，原因是他無力負担兩個嬰兒的托兒所費用。原來他已有一個十幾個月的小孩寄在托兒所裏了。按托兒所規則，每兩星期才能看小孩一次，於是有一天，我的朋友就陪伴新婚太太依例去看，寄在托兒所裏的前夫小孩。

這一看，因爲當時托兒所的情形意想不到，使他記起了十數年前的舊夢。原來俄國托兒所的規定，就是親生父母去看小孩，也要站在玻璃窗橱外面，依次按每家五分鐘的時間，隔着厚玻璃望望小孩而已，不許與小孩接觸的。新娘子大着肚子跟他在警局裏結婚，手上又帶着一個小孩放在玻璃盒子裏，這十幾年前的夢境，一時呈現在眼前，而完完全全的奇妙事實，使他不能不對前夢驚怪了！

因而當時他又記起那一塲怪夢的下一半段。當時他凝目注視他的太太，心裏想，這情形如果在故國，根本就不成爲事實，惟有在俄國才會完全成爲事實的，但他又想，在這裏既無什麽體面和禮教之可言，當然不至于有什麽了不起的事會去打她的嘴吧的。那麽，以後的情形又將是如何呢？夢，舊夢已成爲事實，往事也已成爲夢痕了；但今後的事仍是夢嗎？以前的夢又將要成爲事實嗎？他在茫然了。

想不到一年之後，有一天半夜裏他們倆吵鬧要離婚，直到天一亮他的太太就走了。發生了什麽事呢？原來昨夜他倆因要好，女的竟用力咬痛男的頭頸，男的忽然火起，拍的一聲，打她一個嘴吧，因而鬧翻了。

過了兩個月，男的想想自己不該，查明女之住所，登門拜訪，想向她解釋，勸她回來。那知到了那個地方，樓上窗口有個俄國男子問他找誰？他說要找自己的太太某女士。那男人回答說：「你過了兩個月，還有資格自認是她的丈夫嗎？」

這位朋友聞言恍然，原來她已依法與這位男人結婚了，感慨之餘，回首前夢，不竟頓有所悟，因而仰首向那男人打招呼說：「謝謝你，照拂她！」

在轉身走開時，還聽到那男人用烏克蘭的話向他嘲　地說：「請你不要再去想念她，她是咬你的！」這眞是啼笑皆非的局面了。

這個朋友又告訴我說，他在俄國時也做過一次惡夢。夢他自己擁抱太太共寢，半夜裏太太突然變爲一隻母鷄，而且要啄他，他一時急得開槍把鷄殺死了。後來回國任事，因事與太太隔離，娶一位小太太。

有一天晚上，據說因酒醉兩人爭奪自衛手槍，砰的一聲，手槍走火，子彈打穿小太太的太陽穴，立即一命嗚呼。

過幾天辦喪事，延請僧道爲死者超度，把死者的生年肖「鷄」寫出來時，使他可怕地記起在俄時的舊夢，原來是殺妻預兆。這不太怪了嗎。

像這樣的怪事，都不能說是偶然的湊合而成爲事實，的的確確其中有預兆的作用。現在我們不能明白的，就是這預兆是何理由問題。既然若千年以前就有夢中的預兆，豈等於人生一切都早有預定的了，而夢不過是一種預告而已，上述這朋友姓傅，業已去世，在俄國時曾與蔣經國先生同學過，想他的怪事也爲許多留俄同學所知道的。

關于夢的事可以分爲兩類：一類是「無心」的夢，那就是一般人的「春夢無痕」的「野夢」。一類是「有意」的夢，那就是一般人的「日有所思」的「常夢」。屬于後一類的，還有向神廟中祈求得來的夢。很奇怪的，祈夢常常是會靈驗的。這靈驗之事我們不一定歸功於那神廟的威靈，我們也可以說是由于本人誠心誠意所謂「誠則靈」的結果。此類事實儘多，從古至今，舉不勝舉。現在姑就作者所親聞目覩的，舉一二事談談。

我有一個長輩親戚，曾上京考試兩次不第。某次于歸途中，在山東省境內路過關帝廟，他就投宿廟中，當夜燒香膜拜，祈求關帝爺把功名前途給他一個夢的啓示。果然當晚他得了一個怪夢。醒時全身冷汗，毛骨悚然。到底做的是什麽夢呢？他夢見自己戴着紅帽子，身體朝天，背部碰着一座塔頂，頂上有鋒利的鐵針，從背上穿過胸口，自己就這樣掛在塔頂了。一會兒，塔底洪水漲上塔巔，把他的身體浸了一半。死了，他知道自己已經死去了。但是，死還不夠，上有飛鳥來啄他的肉，而下又有游魚來啄他的皮，死得未免太慘了。這塲怪夢實在可怕。

他百思莫解此夢。他想，難道他會因求功名而惹出殺身之禍？就是犯罪，他不至有此曠世所無的酷刑。想來想去，夢雖難解，大概總是兇多吉少無疑。在路上他很想從此不再應試了。但是，回到家裏把所祈的夢告訴家人之後，他的嫂子却給他這樣解夢，鐵針穿心是「中」字，乃中榜之意；頭戴紅帽在半空朝天，是紅頂官銜，只朝見天子，不拜他人，乃官居一品之意，上有飛鳥下有游魚，乃天下太平之意；這是十全十美的夢了，可喜可賀！

嫂子的解法眞是頭頭是道，句句有理。因此，過了三年他又上京應試了。路經揚州時，他想：如果此次再不第，就决不會再到此地了的，那麽何以不趁此機會一遊揚州的瘦西湖呢？由是他就僱舟到瘦州西湖遊逛。

到了目的地，就在湖濱一家茶樓旁邊的斜坡上駐足，凝神注意湖濱清澈的山水，湖底的游魚也歷歷可數，正在注目間，忽然發現水中自己的倒影，竟然戴着一頂大紅的帽子。轉頭一看，原來是樓角竹竿上掛着一隻紅燈籠，其倒影剛剛碰到自己的倒影的頭上，湖底的游魚也正和倒影交織，而成爲三年前夢中一樣一式的景象。他對此幻影驚喜交集，相信惡夢不惡了；果然，那一次他考中了。

這夢的確有些奇妙而且要到事將見之時才能知曉，但也算是一種奇驗的夢。大約向神廟中祈求的夢，都是隱晦不明，當時不大明白，要到了事實現了才能知曉的。有的解釋說，未來的人事原是天機不可洩漏的，所以菩薩也不敢明告了。

若干年前，我在上海有一個機會和監獄中的童犯時常接觸。童犯年齡是十二歲到十八歲；他們的罪案大都是小偸；刑期無定，由三月到一年不等；其實不是徒刑，祇是送來監獄中的感化院接受感化教育罷了。我由他們中間得到不少平日在普通社會上得不到的知識。我也就他們中間做過兩種的調查統計：一種是有關犯罪的調查統計，一種是有關命理事統計。犯罪雖然應當承認屬於社會問題，但與命運似乎不能說是一點無關。除有關命理者我另外有所述的外，現在我舉一個關於夢的應驗之事，說來實在對於做夢一事大大費解，因爲那是對於人生莫名其妙的事。

我發現許多童犯中，有兩對雙胞胎的兄弟，一對是十三歲，一對是十五歲。起初我是爲着研究命理和他們談話，但因年齡太輕，沒有什麽大不同，後來他們却告訴我一段有關驗夢的故事。

最奇怪的，那一對十五歲的孿生兄弟，臉面，形態等都十分相似，但一個是姓任，而一個却是姓朱的。我問他何以同胞兄弟不同姓？他的回答更奇怪，他說，他的父親却是姓黃。而且又告訴我說，他到這裏吃官司，還是他的父親害他的。

我問：「是否自己在家裏不聽話？」

他說：「不是。」

「是否你父親死了或是不理你？」

「也不是。」他說他的父親現在上海，而且規定兩星期都來送菜給他。

我再問：「那麽是你的父親叫你去偷竊，害你了？」

他搖搖頭說：「請你猜猜看，我在法院裏判罪的時候，我的父親竟是原告人哩！」

「那麽你一定偷了你父親的東西好多次了，所以使他生氣了，是麽？」

他又搖搖頭，「不是，我只偷他這一次」。

我聽得奇怪。我想，照常情來說，未成年小孩偷父親的東西，不應該交到法院裏去，而法院也不會受理，何況只偷這一次呢？因爲他們叫我猜，我想小孩子叫我猜的事，我總不至於猜不準的，由是我又猜問：「那麽一定他叫你還他的東西，你不肯還。」

「還了他！」他繼續說：「我原不知是他的東西。」

「那麽你偷的是誰家的東西呢？」他笑答：「我偷的是客人的東西。」

「那麽那客人是父親的什麽人？」

他倆兄弟聽我問到這裏，却大笑起來說：「我看準你是猜不到的，那客人就是我的父親，你想得到嗎？」

我被這兩個小孩眞的弄到墜入五里霧中了。我也好笑地對他認輸，要他自己把事實告訴我。

由是他就由他父親做夢說起。他說：「抗日戰爭爆發那年，我倆是六歲，父親是一個裁縫師傅，家住在閘北。那時曾聽見母親對人家說過，當她生我倆兄弟前幾天，父親做過一個夢，夢見有兩個小孩來到他家裏，一個手提着一隻皮箱，一個手裏拿着一把剪刀。奇怪的是，那剪刀的刀口都是向外，而皮箱的箱口也是倒開的。」

你想世間上也有這麽奇怪的東西嗎？但他明明做夢這兩個小孩一到家裏，一個從皮箱脊的那邊打開取出衣服，一個是反口的剪刀去裁衣服。他認爲這夢不吉，這是象徵裁縫沒工做的意思。過幾天，我倆兄弟一雙出世了。因爲我倆是頭胎，又是孿生，自然特別歡喜。由是父親把前幾天解爲不吉的夢，現在改爲吉祥朕兆；意思是說這兩個孩子所用的東西是不同凡俗，將來必是非常的人物。他以爲我倆既能用與中國式相反的工具，將來必定要出國留學的。

但是，上海抗戰的前夕，閘北首當其衝，他的家燬於炮火，家人離散，雙親也不知死活，他倆兄弟先後由遇救到被拐，被賣，最後被迫替人行竊爲生。這是他倆淪落爲竊的經過。大都市裏的竊盜扒手等都與當地黑社會有幫會關係的，上海更見其組織嚴密。他們加入扒竊行列前，曾經幾個月的學習。由於學習時的所見，分派爲「日竊」「夜竊」和「扒竊」三種。他的哥哥分派爲日竊，弟弟則派充扒手，兩兄弟是九歲就開始操此種行業的。其中在日治時代五六年中，曾被捕入獄五六次，而勝利之後，僅僅年餘的日子，竟然被捕三次之多。因爲勝利了，人心看好，「漫藏誨盜」，他們的生意就多做，多做就多被發覺被捕的。他說，每次被捕，不一定都判罪，有的只要向警察行賄，就得當場被釋了；有的向警察報出他們的頭人名字也就了事；有的案情嚴重，或者失主直接報警，那就非行賄可以了事的。他們最後這一次，就是由失主直接報警的。

這次的被捕，案情的經過是這樣：有一天，那個弟弟在公共汽車上扒得一個客人的錢包。照例原贓不動繳給頭人，保管三天之後，警方如無動靜，就行分贓發獎。奇怪，這回警方特別來得快，當天下午就通知頭人，說是不特要把原贓交還，而且還要把扒手的人一道交出。頭人叫他問話，要他把得手的經過詳細報告。

他說，他在公共汽車站上發現一位穿着長袍的客人不時用手按按左邊的腹部，他就知道這位先生內短褸的左邊口袋有貨色。上車時，他就已動手但未到手。他就跟着客人上車。客人似乎發覺了他，一面用左手按那地方，一面注目留意着他。他就避開客人坐到車後去了。

客人看着他坐了那麼遠，放心了，到了落車的一剎那。他想不到他的錢包竟落在他的手了。頭人聽完他的報告，罵他蠢貨，竟然被客人事先發覺，現在失主到警局報案，說是如果抓到他，就認得他，所以警方非把他交出不可。

無奈何，他只好跟着警察準備去吃官司了。在路上，因爲他和警察原是熟人，就問警察，說是那客人失欵無多，而且錢包裏並無其他要件，何以這樣的就去報警呢？

警察說，那人昨天剛從廈門到上海，一上岸就失掉一隻皮箱。昨天他立即到局報案，因爲昨天他說不出皮箱裏有甚麽東西，局裏叫他今天將失單送去。今天他一到局，失單還沒有交出，又報今天被扒的案情，所以局裏併案辦理，先來逮他了。

到了警局，果然那客人是昨天見過面的熟人。經他承認向伊扒手並交還原贓之後，本來就算歸案了；但奇怪的，當他們在問話的時候，忽然來了一個這位客人的同伴，說是昨天上岸時是由這位同伴看管皮箱。這位同伴，看見他就說，昨天在碼頭上自告奮勇幫忙搬皮箱的就是他，硬指他也就是昨天竊去皮箱的人，這就寃枉了。

他否認。但那個人却鐵鐵實實的對警局說，近在昨日的事，一點也不會錯，認得清清楚楚是他。到底昨天偷皮箱的事是誰做的呢？只有他心中明白，是和他面臉體格相似的他的孿生哥哥做的。

本來他也想將錯就錯，把昨天的事也承認下來，免得哥哥也吃虧；但想一下事實上做不到；因爲不是單單認罪就算了，承認竊案之後還要交出贓物的。

但是，依他被捕的經驗，在此種情形之下，如果自己不能提出有力的反證，而僅僅不承認的話，苦受體刑是事勢上所難免的。而且，他想，事到如今，他的哥哥頂多在這兩三天之內也免不了也要歸案的。

由是他想了一下，就對警局說：「昨天竊皮箱的人不是我，大概是我的哥哥。」

警局中人問：「你哥哥和你相像嗎？」

「是，別人看來是一式一樣的。」

警官又問：「何以會一式一樣？你哥哥大你幾歲？」

「我們是雙生的兄弟，所以一式一樣。」

警官又問：「你哥哥名字叫甚麽？」

答：「他叫任天才，綽號大黃。」

「胡說，」警官駡他，「爲甚麽你自己姓朱，而你的哥哥却變爲姓任的呢？」

他笑道：「我們做此種生意的人，賊名婊姓，吃一次官司換一次姓名的。」

過兩天，他和他的哥哥就一同被解到地方法院。在法庭上他們看見了那兩位原告的失主。往回，像這樣的案子，只要他們認罪就判刑，很少有原告出庭的。

這一次，大概因爲皮箱案子，原告在警局裏是指他爲被告，而眞正的被告那偸箱的人却是另一個人，所以警局要原告出庭作證的。

這其中也還有一種黑暗，所有失主大都不願上法庭做原告的，尤其是過路的旅客；但是，你不報案就無話說，你一到警察局報案，警察就要向你動腦筋，他要你七七八八使你感到痲煩，你要想免去許多痲煩；你就要向他們「送禮」；你肯送禮，他們就可以替你想方便的辦法，警局可以替你做原告上法庭；大概這兩位客人不懂這送禮規矩，或者是送禮還沒有送夠，所以就非要你自己上法庭做原告不可了。這是上海租界裏警察局黑暗的一面。

法院開庭那一天，因法官爲扒手罪輕，偷箱罪重，所以當堂先問原告，那天在碼頭上偷箱的那一個？好笑得很，那位失箱的原告，看看他們兩兄弟，竟然認不定那一個。

法官看那情形也好笑起來，就問：「你們倆是雙胞胎的嗎？」

「是，」

「爲甚麽同胞兄弟不同姓？」

「我們是隨便改名換姓的。」

「你們本姓是甚麽？」

「姓王——黃。」

因爲上海「王，黃」二字不分音，所以法官就追問：「是三劃王？還是草頭黃？」

奇怪的，他兩兄弟搖搖頭答不出。

法官說：「難道你自己姓王還是姓黃都不知道嗎？」

他們答說：「我們倆自幼沒有爹娘，也沒有讀過書，所以不曉得是姓那一個王——黃。」

一會問話完了，法警把警察局送來的兩件犯罪道具，一件是扒手用的剪衣袋的反口剪刀，一件是偷手提箱用的反口假箱，呈上法官一看，準備依例將此道具判爲沒收的。

這道具當然是奇怪的東西。

千奇怪，萬奇怪，當法警把那兩件道具打開給法官觀看時，那位被窃的原告，一看那剪刀和假箱，突然記起從前住在虹口時的怪夢，竟然「哎喲」一聲，暈倒庭上了。在法庭上的人都莫名其妙，等到把他救醒，他一開眼，就跑到他倆兄弟面前，哭着大喊：「老大，老二，你倆是我的親生兒子啊！」

這一塲奇異的盜竊案，竟然和十九年前的怪夢連在一起，好像是一件偵探案的離奇，這其中眞有莫名其妙的道理了！這道理我們希望科學家能作出解答的。

我們人一生的事蹟可以分爲三部分：眼前把握得到而不是夢的現實部分；第二是過去和未來惡夢或屬於夢的部分；還有一部分是屬於夢想不到的奇蹟。因爲這三部分而我們眼前把握得到的只有三分之一，其他三分之二都是虛無飄渺，我們便不免時常有「浮生若夢」之感了！

在抗戰期中，淪陷區浙江省義烏縣地方發生過一次人間的悲喜劇。事實是這樣：有一對泥匠夫婦，在江西九江淪陷時彼此失散。傳說男人被日軍抓去當苦力，掘好戰壕之後被活埋。女人得到噩耗之夕，悲痛之餘，竟做了一塲惡夢。

做的是甚麼惡夢呢，夢得自己已經出嫁，在一個風淸月朗的夜裏，後夫陪她到陰間去找她的前夫。在黃泉路上碰到陰府官員出巡，眼見個個陰兵鬼卒都比陽間的人高出一倍；她倆正在看得出神之際，鬼卒中竟然跑出一人到她的面前，自認是她的前夫。她怕看那付鬼臉，不認他。

一會兒，那鬼把身子縮短，可怕的臉孔也變過來現出了前夫原來的面目；由是他倆抱頭痛哭！這夢當然可以說是由於心理作用而構成，但事實並非這樣簡單。他們自夫妻倆失散後，她靠着跑單幫過活。

一年後，她的丈夫仍沒有音訊，由是就嫁給一位跑單幫的男人，單幫變成雙幫。

兩夫妻跑單幫變爲跑雙幫之後，生活也還過得去。後來因爲後夫是上海人，不久就出九江遷到上海，在滬杭鐵路線上，依舊過着跑單幫的生活。

有一次，爲着採購土產，兩夫妻由杭州去義烏，就在那裏住下幾天。某夜因爲日軍慶祝日本的天長節，地方官民參加游藝行列，他倆夫婦就携手上街去看熱鬧。

慶祝行列中有的是日本軍隊，有的是日本居留民化裝的日本劇，有的是中國小學生的提燈隊，也有的中日合演的「高脚戲」。

好看好看！他倆心中正在這樣想。突於人羣中跑出一個鬼卒，向她連跳帶喊地奔來：「妹妹！你在這裏呀！我是……。」

夢！她在懷疑又是做夢麽？不！這回不是夢了，這回是夢的實現。那個鬼卒，用衣襟拭去他的鬼臉，解開他脚下的高脚，他她倆眞在抱頭痛哭了！泥匠女人這個怪夢的應驗不也太奇嗎？

上海在淪陷期中，也發生過一次哄動一時的憑夢破案之事。先是杭州有一個女人於分娩的前夕，做夢在火車上向一位華貴的婦人懷裏抱得一個女孩；女孩身上穿着一件美麗的綠色呢大衣。奇怪一抱過手這女孩就痾屎而且痾出的是一條一條的黃金。

第二天，她果然養了一個女孩。她心中暗喜，想這女孩一定是觀音賜給她的千金小姐了。

第二年做周歲那天，特別舖張宴客；奇怪的是，當天晚上，女孩不見了。家人四出尋找不獲，報警也無效。親戚朋友都認定是被今天來客中有意把她抱走，因爲他們知道這女孩出生時的預兆，將來必定富貴，所以把她拐走的。

那時候正是十二月嚴冬的天氣，經過三四天的時間，分向各親戚朋友家中去察訪，仍無下落。女孩的母親最悲傷，她身邊帶着女孩的冬天衣服到處尋找。因爲她在杭州開往上海的火車中，被日本憲兵檢查她的女孩衣服，驀然使她記起去年的夢境：「火車……高貴夫人……綠呢大衣」等等。

由是，當滬杭火車到達上海北站時，她下了火車不走出車站，連步就登上準備開往南京的火車，直向頭等的車廂裏去。果然她發現一位華貴的婦人，懷中抱着一個小孩，也正是披着那美麗的絨呢大衣。

因爲呈現於眼前的情景和夢中完全一樣，一時使她神經因過度興奮有些失常。她懷疑自己是在做夢或者是錯覺，不然，那有如此湊巧之理。

她緩步走過那婦人的座位，以全付的注意力注視那懷抱中的小孩。不錯，從衣服式樣上看，是女孩無異。但，走來走去無法看到女孩子的面孔，那婦人有意把女孩的帽子戴的特別低，幾乎遮到鼻孔。無法，她就坐在那婦人的對面座上。那婦人似乎有些發覺，立即離座走下火車。

她拔步追上，在月台上和婦人並肩而行，並向婦人說：「你的女孩讓我看一看好嗎？」她便伸手去拉那婦人的手。

那婦人回答說：「爲什麼給你看？我不認識你。」

那婦人的臉孔已經變爲驚慌的神色。由是她伸手去揭女孩的帽子一定要看，而一個則緊抱女孩不給她看。一搶一拒，月台上旅客亦在圍觀。

最後，當火車站中的路警快要到來之時，她竟搶到了女孩。奇！揭開帽子一看，果然是自己的寶貝；慘！原來這女孩已是全身冰冷僵硬的一具童屍了！母親抱屍痛哭。那婦人即被觀衆擒交路警。經檢查女孩屍體，特別沉重，似有鐵器懷身。

解衣一看：天呀！女孩的肚皮係用針線縫着，五臟已被割去，空肚子裏滿滿裝着黃金條子——原來走私的人把她女孩作爲走私的工具！女人的怪夢雖然應驗了，而人間想得到竟有如此慘事嗎？這怪夢竟然成爲事實，不能不使我們太驚奇人生的奧秘確是有前定的了。

友人有個姓章的，在美國留學的時候，曾因病發熱昏迷一晝夜，做了一個夢。夢見有一個探險家，要他同去北冰洋探險，到了北極國，國王盛宴欵待。但在上席就宴之前，那位探險家因與國王一言不合，立被國王驅逐出境。後來這位探險家又要他一道去南極探險，說是南極國裏有一座金山，一到那裏馬上就要發財。果然到了南極有一座金山呈現在眼前。奇怪，當他喜出望外之時，那位探險家早已被金山壓在山底下死了，天上還在下着雪。

夢醒時，熱度稍退；他就把這夢境告訴當時的醫生，醫生說，這是一種心理作用，因爲發熱思凉，所以夢去北冰洋，夢到南極，夢見金山和雪花等等，都是冰冷的東西。這夢依心理學解釋，當然說得通；但是，後來事實的發現，却又不是心理學之所能說明的。

大約在民國十七八年，他和當時中國第三黨領袖鄧演達到歐洲去。在德法兩國逗留了一些日子，忽然史大林派人來請鄧氏到莫斯科晤面；他就跟鄧氏一起跑去莫斯科。大約在酒店裏住了三四天，史大林就接見他。

那時正是中國共產黨鬧分家的時候，第三國際不滿意陳獨秀領導中共，正在物色領導人物。

奇怪，當時史大林竟然不知道鄧演達是中國第三黨領袖，也不知道他不是共產黨員，談話中意欲鄧氏回返中國去接替陳獨秀領導中國共產黨。鄧氏莫名其妙。他原是一個富有領導才氣的人，他不相信史大林不知道他是第三黨領袖；他知道史大林這一套是鬼計，以爲此時鄧氏正是不能在中國立足的失意時候，有這種糊塗的姿態，希望鄧氏因人窮志短而眞糊塗就此轉入第三國際，受其指使；所以當時鄧氏聞言之下，即以嚴正的態度對史說：「我是中國第三黨的負責人，我不是共產黨員！」鄧演達是一個極有個性和長才的領袖人物，史大林並不在他心目之中，自己對第三黨具有熱望，當然不接受史大林的安撫的。

你想史大林聞言之下作何表示呢？好大脾氣的史魔竟然立刻放下面孔，一言不發地就起座轉身走開了。鄧氏和那位朋友見勢不佳，亦即離開客廳回到酒店。奇怪，共產黨辦事眞快，當他們回到酒店時，旅客牌子上面已經沒有他們的名字了。無可奈何當天遄返柏林。到達柏林旅館時，兩個人相顧又好氣又好笑。那個朋友苦笑地對鄧氏說：「今天的事簡直就是夢。」

鄧氏笑道：「難道明天的事就不是夢了嗎？」

「明天之事不可知，今天之事我好像做過夢！」他繼續把舊夢的前半段告訴了鄧氏。

鄧氏問他還有夢到以後的事沒有？他未便據實報告，就假託說：「好像夢到南洋淘金去。」

「淘金？」鄧氏鄙笑地說，「這是你的夢——我死也不會做此種夢想！」

以後的事怎樣呢？民國十九年，鄧氏被槍決於南京紫金山的雨花台！

另有一位忘年之交的朋友陳君，二十幾年前他在上海吳淞某大學教書。有一次學校鬧風潮，他被學生侮辱，憤而跑到吳淞口外投海自殺。在海中浮沉之際，被一艘開往外國的輪船救去。

上岸時，看見一個老婦跌在船上，他急將她扶起。老婦似是一個神經病者，對他說：「你的運道眞好，今天能碰到我；我的兒子是個大富翁，家裏有金庫，你要錢用，我明天帶你回去。——我的兒子公館之大，你夢想也不到，好比前門在上海，後門却在蘇州哩。」

那位朋友聞言哈哈大笑。這一笑，却從夢裏笑醒。因爲他是基督教徒，投海自殺之事，根本就不會有的，所以只認是一場春夢罷了。但因此夢做得太奇妙，所以他永遠也不忘記。

當時，事實也却有這麽奇怪：第二月，學校裏眞的鬧風潮，他也果然被侮辱。他記起上月所做的夢，他把握自己，無論如何氣憤，絕不興自殺之念。他爲着免惹禍由，就自動辭去學校的教職，搬到上海去住。在上海賦閑幾個月，對前途正在發愁之際，忽得朋友之助，買舟東渡到了日本。在東京住了幾個月，窮極無聊，天天食飽出去逛馬路。

有一次，於走過橫馬路時，忽然看見一位老太太跌倒路中；他急急把她扶起走橫過路。老太太向他道謝，要他寫一份住址給她之後，問他在東京有沒有事做，又說待她有日回國時帶他回國。夢！他知道這又是舊夢中的情景了！但是，所不盡同的是這位老太太並沒有神經病，也沒有說她的兒子是大富翁等等。

他想，關於學校鬧風潮，學生侮辱教習，路上遇見行人跌倒……等，也不算什麽稀奇之事，就是應驗於夢，這也是偶合罷了。後來，也和那位老太太偶爾有來往。

大約過了一年的光景，有一天夜裏，有人到他的寓所來找他，說是那位老太太決定下星期回上海，要他跟她一道回去。而且來人說，回到中國，包你有事做，可以發財。

奇！夢又在作祟了！由是，他就向來人打聽這位老太太到底是誰？這一打聽，眞的使他被夢迷呆了。這位老太太原來就是當時國民政府現任財政部長宋子文的老太太啊！於是下星期他就跟她登上了開往上海的輪船。他以極微妙而美麗的心情，去重溫一次兩年前的舊夢。他想，這個怪夢可以說是已經完全應驗了的。所差的就是沒有投海自殺；但自動辭去教職，賦閑上海，也微有投海自殺之意。

至於夢中所謂公館之大，「好比前門在上海，後門在蘇州」一節，大概是宋部長在上海蘇州均有住宅，上海公館走前門，而蘇州公館是走後門的。

夢！說它是「浮生若夢」，還是說它「夢即人生」呢？無論如何，他今天能隨宋老太太回國總是一場美夢的了！

一到上海之後不久，他就被派爲某省鹽運使。又不久，他想升任兩湖財政特派員。

在進行的時候，因爲取得老太太的口角春風，就乘部長出京赴滬之便，趕到上海公館去求見。

那一次，老太太告訴他，說是此事已與部長說過了，只要他明天到公館來當面一說就成。由是他第二天就驅車進入公館的大門。這宋公館他是常到的，進出很自由。

但那天却來得不湊巧，求見的人太多而宋部長又要趕上特別快車入京，見到他時只說：「今天來不及詳談，等我下星期返來時再說吧！」他只好唯唯稱是。但心中十分着急，恐怕失去這個機會。當他恭候部長上了汽車離開公館之時，忽然福至心靈，急急也驅車趕上火車站，買了一張去無錫的頭等車票，也踏上了開往南京的特別快車。幾秒鐘後，車開了。十分鐘後，他在火車上進入部長的包廂，如意地見到了部長，談妥了他的任命之事。此時，他竟然把火車變爲部長的公館了。

進見過了，他告辭。特別快車第一站是在蘇州停下，他就下車預備換車返滬。在蘇州車站月台上，碰到一個朋友。朋友問他：「你從那裏來的？」

他答：「剛剛從部長公館出來。」

「部長蘇州有公館嗎？」他被朋友這一問，點點頭沒有答話，心裏在回憶：「好比前門在上海，而後門却在蘇州哩！」

夢，這夢不太有趣嗎？我們巴不得常有此夢！

朋友有個親戚，在福建興化鹽場當場長。他有一個跟隨多年的當差，有一天突然向他辭職要回鄉。問他甚麼理由，他不肯說。那個親戚因爲他年輕好鬥，怕他和場裏同事有何不睦之處，非叫他說出理由不可，否則不給他旅費。他說與人並無不睦，別有事情非離開鹽場不可。同時他提出要求，說是先給他旅費，他才肯把理由說出，理由充分，再給他發薪賞，否則，他就是沒有旅費也要走的。由於看他去志如此之堅，必有特別苦衷，所以那個親戚就依他的要求。

旅費拿到手後，他就說出他的理由：因爲前一個月，他做一次夢，夢見自己從鹽倉屋頂跌入鹽倉，被鹽醃死。

他說，他原不怕此夢的；但十數日後，又做一次同樣的夢。於是他想，如果再做一次同樣的夢的話，他就要離開鹽場的。可怕得很，前天晚上他竟又做和前次同樣的夢；而且此次更可怕了，他的屍體被醃得像鹹魚一樣，有成千的人衆圍觀，被人抬到廣場之上，陳於烈日之下，竟然有人出價還價做成買賣！那個親戚聽他這樣說，雖然是夢，因爲剛好是在鹽場做事，關係他自己性命，似乎未便予以挽留，由是就給他應得的薪金以及規例的賞錢，讓他回家了。

夢！可怕的夢！更奇怪得可怕的夢！誰想得到這位當差回家後只有一個多月，竟然完完全全成爲事實！原來這位當差拿了鹽場裏的薪賞回到家裏，想做生意一時沒有好生意可做，聽家人說，鄉中有個名叫阿四的，開私當，放高利貸，漸漸起家；由是他也放高利貸。因爲他想搶阿四生意，利率較低，阿四知情，對他未免懷恨。

一天兩人相遇於途，三言兩語不合，竟然拳來脚去打了起來。阿四橫飛一脚，踢中他的肚底，陰囊一縮，立地氣絕死去了。命案發生之後，苦主就將屍體抬到兇主家中；準備打人命官司。但是鄉間距離縣城路遠，由派人上衙門告狀，到法院派員下鄉驗屍，非三五天不可。而那時正是六月盛夏，屍體一過下午就要發臭的；由是，家人迫不得已，就買了兩担粗鹽，把他的屍體醃藏起來了。

夢！一切夢中的幻景，在法官下鄉驗屍之日，不折不扣地都成爲哄動一時的事實了。因爲阿四家中狹窄，所以當法官下鄉問案時，就把屍體抬到廢場上驗屍，那時正是赤日當空，雖然沒有把屍體曬乾，也和鹹魚的樣子差不多了。至於「討價還價」的事，是苦主和兇主雙方對於收埋屍體的衣棺以及其他費用等的爭執。這怪夢竟然不折不扣成爲事實。

北洋軍閥之一齊燮元統兵江南，固曾叱咤風雲於一時；當其駐節金陵，革命志士常被殺戮，行刑地點則必在著名刑場的雨花台。有一天他忽於午睡中匆忙起身，傳令衛戍司令部佈防雨花台。自己騎上馬背，加派侍從衛士，直趨雨花台。總司令部中人莫名其妙，互相耳語，大家都在疑懼之中。初以爲他將槍決要犯；但依他們所知，在押人犯中並無首要分子，也絕對用不着他親自出馬；那麽必定主要內部有不穩了。

一會，據一位侍從衛士回來說，督辦到了雨花台，除在一塊岩石旁邊駐看十幾分鐘外，並無其他舉動，也不發一語。

由是大家揣測紛紛：有的說，數日之內必有事故；有的，說他前幾天曾奉到上峯密令，想必有關軍政計劃；有的說他要自採雨花台特產的彩石；有的說他大約忽然想起以前被他槍決的是冤獄，所以特意跑到那裏憑弔一番，表示對死者懺悔；但始終得不出一個充分的理由。

第二天大家又有新的議論，說是督辦今天特意關照副官處，此後不准再在雨花台槍決人犯；由是，就有人說他前幾天曾叫瞎子起課，必是雨花台爲刑場對督辦不利的。無論如何說法只是大家揣測之辭，沒有一個人能從齊燮元嘴裏得到眞正的理由。因此這事便常爲人們茶餘飯後的談資。

以後，北洋軍閥崩潰，他事敗下野，蟄居天津時，有人問他那次親到雨花台踏看，爲看何事？他在煙榻上微笑的說：「現在可以告訴你們了。那天我午睡，夢得我被縛在雨花台斜坡上一塊三角形的岩石旁邊執行槍決；而且好像是舉行一次大屠殺，被害的人大都是我的同僚；所以我醒來急去一看。奇怪，雨花台我從來沒有去過的，那天我騎在馬上，老遠就見到我夢中的斜坡；走近了，那塊三角形的岩石，一點也沒有走樣。當時我深怕有人暗殺我，或是部下有叛變，但後者却是一點沒有事；眞是一場怪夢！」

事實呢？抗戰勝利的第二年，齊燮元是在北平被捕解到南京，以漢奸罪名終於在雨花台執行槍決的！計算齊燮元自民國十六年離開南京之後，就不再足踏江南一步，那想得到二十年之後，犯罪的地點在北平，而偏偏要把他解到二十幾年前所做夢的地點就刑呢！這夢不太可怕嗎？梁鴻志於十九歲中舉人那年，曾做夢自己在一個鷄鳴狗吠之晨，坐在寶座之上，口吐金舌，此夢曾被解爲「皇上於五更坐朝問政，」一點也不錯。他一生也許爲了追求此夢而沉浮宦海。

鼎革之後，他認爲此夢無稽。到了民國十三年榮任段執政政府秘書長時，有人解爲他朝夕向段祺瑞進言，即是應了此夢。

有人解爲他詩名籍籍，允登閩派詩壇寶座，「鷄鳴狗吠」是意境，「口吐金舌」是佳句，亦是應了此夢。抗戰之後，他以在野之身，袍笏登台自任爲僞府首長，此時他總算如願捉到雞夢了。當時有人把「雞鳴狗吠之晨」改爲「雞犬不寧之辰，」也恰到好處。但此夢最後的眞正應驗，却是民國三十四年（乙酉雞歲）抗戰勝利，他被捕下獄；第二年（丙戌犬歲），他在上海提籃橋監獄裏，以鎮靜的態度，寫了約兩小時的遺書之後，坐在一把大靠背椅上，以漢奸罪魁之名，子彈從腦後進去，從嘴裏（金舌）出來！

關於驗夢的故事，實在不勝枚舉；但因不驗之夢更多，所以夢就是夢，不會被人重視，也無什麽價值可言。不過，我以爲夢應該分爲兩類；一是常夢，一是怪夢。常夢乃由日有所思，夜縈於夢而來，所以夢多驗少；至於怪夢，不特非由於日有所思，就是有意去想也想不到的。所以我以爲怪夢必另有其構成的原因，不是破除迷信者或心理學家們之所能用常理來解釋得通的。雖然我們至今還不可知怪夢應驗的理由。但應驗的事實，絕未可隨便把它推翻或曲解的。

占筮類			
1	擲地金聲搜精秘訣	心一堂編	沈氏研易樓藏稀見易占秘鈔本
2	卜易拆字秘傳百日通	心一堂編	
3	易占陽宅六十四卦秘斷	心一堂編	火珠林占陽宅風水秘鈔本
星命類			
4	斗數宣微	【民國】王裁珊	民初最重要斗數著述之一；未刪改本
5	斗數觀測錄	【民國】王裁珊	失傳民初斗數重要著作
6	《地星會源》《斗數綱要》合刊	心一堂編	失傳的第三種飛星斗數
7	《斗數秘鈔》《紫微斗數之捷徑》合刊	心一堂編	珍稀「紫微斗數」舊鈔秘本
8	斗數演例	心一堂編	
9	紫微斗數全書（清初刻原本）	題【宋】陳希夷	斗數全書本來面目；有別於錯誤極多的坊本
10-12	鐵板神數（清刻足本）——附秘鈔密碼表	題【宋】邵雍	無錯漏原版 秘鈔密碼表 首次公開！
13-15	蠢子數纏度	題【宋】邵雍	蠢子數連密碼表 打破數百年秘傳 首次公開！
16-19	皇極數	題【宋】邵雍	清鈔孤本附起例及完整密碼表 研究神數必讀！
20-21	邵夫子先天神數	題【宋】邵雍	附手鈔密碼表 研究神數必讀！
22	八刻分經定數（密碼表）	題【宋】邵雍	皇極數另一版本；附手鈔密碼表
23	新命理探原	【民國】袁樹珊	子平命理必讀教科書！
24-25	袁氏命譜	【民國】袁樹珊	
26	韋氏命學講義	【民國】韋千里	民初二大命理家南袁北韋
27	千里命稿	【民國】韋千里	北韋之命理經典
28	精選命理約言	【民國】韋千里	
29	滴天髓闡微——附李雨田命理初學捷徑	【民國】袁樹珊、李雨田	命理經典未刪改足本
30	段氏白話命學綱要	【民國】段方	民初命理經典最淺白易懂
31	命理用神精華	【民國】王心田	學命理者之寶鏡

32	命學探驪集	【民國】張巢雲	發前人所未發 稀見民初子平命理著作
33	澹園命談	【民國】高澹園	
34	算命一讀通——鴻福齊天	【民國】不空居士、覺先居士合纂	
35	子平玄理	【民國】施惕君	
36	星命風水秘傳百日通	心一堂編	
37	命理大四字金前定	題【晉】鬼谷子王詡	源自元代算命術
38	命理斷語義理源深	心一堂編	稀見清代批命斷語及活套
39－40	文武星案	【明】陸位	失傳四百年《張果星宗》姊妹篇 千多星盤命例　研究命學必備
相術類			
41	新相人學講義	【民國】楊叔和	失傳民初白話文相術書
42	手相學淺說	【民國】黃龍	民初中西結合手相學經典
43	大清相法	心一堂編	重現失傳經典相書
44	相法易知	心一堂編	
45	相法秘傳百日通	心一堂編	
堪輿類			
46	靈城精義箋	【清】沈竹礽	沈氏玄空遺珍 玄空風水必讀
47	地理辨正抉要	【清】沈竹礽	
48	《玄空古義四種通釋》《地理疑義答問》合刊	沈瓞民	
49	《沈氏玄空吹虀室雜存》《玄空捷訣》合刊	【民國】申聽禪	
50	漢鏡齋堪輿小識	【民國】查國珍、沈瓞民	
51	堪輿一覽	【清】孫竹田	失傳已久的無常派玄空經典
52	章仲山挨星秘訣（修定版）	【清】章仲山	章仲山無常派玄空珍秘
53	臨穴指南	【清】章仲山	門內秘本首次公開 沈竹礽等大師尋覓一生末得之珍本！
54	章仲山宅案附無常派玄空秘要	心一堂編	
55	地理辨正補	【清】朱小鶴	玄空六派蘇州派代表作
56	陽宅覺元氏新書	【清】元祝垚	簡易・有效・神驗之玄空陽宅法
57	地學鐵骨秘　附　吳師青藏命理大易數	【民國】吳師青	釋玄空廣東派地學之秘
58－61	四秘全書十二種（清刻原本）	【清】尹一勺	玄空湘楚派經典本來面目 有別於錯誤極多的坊本

91	地學形勢摘要	心一堂編	形家秘鈔珍本
92	《平洋地理入門》《巒頭圖解》合刊	【清】盧崇台	平洋水法、形家秘本
93	《鑒水極玄經》《秘授水法》合刊	【唐】司馬頭陀、【清】鮑湘襟	千古之秘，不可妄傳匪人
94	平洋地理闡秘	心一堂編	雲間三元平洋形法秘鈔珍本
95	地經圖說	【清】余九皋	形勢理氣、精繪圖文
96	司馬頭陀地鉗	【唐】司馬頭陀	流傳極稀《地鉗》
97	欽天監地理醒世切要辨論	【清】欽天監	公開清代皇室御用風水真本
三式類			
98-99	大六壬尋源二種	【清】張純照	六壬入門、占課指南
100	六壬教科六壬鑰	【民國】蔣問天	由淺入深，首尾悉備
101	壬課總訣	心一堂編	過去術家不外傳的珍稀六壬術秘鈔本
102	六壬秘斷	心一堂編	
103	大六壬類闡	心一堂編	
104	六壬秘笈——韋千里占卜講義	【民國】韋千里	六壬入門必備
105	壬學述古	【民國】曹仁麟	依法占之，「無不神驗」
106	奇門揭要	心一堂編	集「法奇門」、「術奇門」精要
107	奇門行軍要略	【清】劉文瀾	條理清晰、簡明易用
108	奇門大宗直旨	劉毗	天下孤本 首次公開 虛白廬藏本《秘藏遁甲天機》 奇門不傳之秘 應驗如神
109	奇門三奇干支神應	馮繼明	
110	奇門仙機	題【漢】張子房	
111	奇門心法秘纂	題【漢】韓信（淮陰侯）	
112	奇門廬中闡秘	題【三國】諸葛武侯註	
選擇類			
113-114	儀度六壬選日要訣	【清】張九儀	清初三合風水名家張九儀擇日秘傳
115	天元選擇辨正	【清】一園主人	釋蔣大鴻天元選擇法
其他類			
116	述卜筮星相學	【民國】袁樹珊	民初二大命理家南袁北韋
117-120	中國歷代卜人傳	【民國】袁樹珊	南袁之術數經典

心一堂術數古籍珍本叢刊　第二輯書目

占筮類			
121	卜易指南(二種)	【清】張孝宜	民國經典，補《增刪卜易》之不足
122	未來先知秘術——文王神課	【民國】張了凡	內容淺白、言簡意賅、條理分明
星命類			
123	人的運氣	汪季高(雙桐館主)	五六十年香港報章專欄結集！
124	命理尋源	【民國】徐樂吾	民國三大子平命理家徐樂吾必讀經典！
125	訂正滴天髓徵義		
126	滴天髓補註 附 子平一得		
127	窮通寶鑑評註 附 增補月談賦 四書子平		
128	古今名人命鑑		
129-130	紫微斗數捷覽(明刊孤本)[原(彩)色本] 附 點校本 (上)(下)	馮一、心一堂術數古籍整理編校小組 整理	明刊孤本 首次公開！
131	命學金聲	【民國】黃雲樵	民國名人八字、六壬奇門推命
132	命數叢譚	【民國】張雲溪	子平斗數共通、百多民國名人命例
133	定命錄	【民國】張一蟠	民國名人八十三命例詳細生平
134	《子平命術要訣》《知命篇》合刊	【民國】鄒文耀、【民國】胡仲言 撰	《子平命術要訣》科學命理；《知命篇》易理皇極、命理地理、奇門六壬互通
135	科學方式命理學	閻德潤博士	匯通八字、中醫、科學原理！
136	八字提要	韋千里	民國三大子平命理家韋千里必讀經典！
137	子平實驗錄	【民國】孟耐園	作者四十多年經驗 占卜奇靈 名震全國！
138	民國偉人星命錄	【民國】囂囂子	幾乎包括所民初總統及國務總理八字！
139	千里命鈔	韋千里	失傳民初三大命理家-韋千里 代表作
140	斗數命理新篇	張開卷	現代流行的「紫微斗數」內容及形式上深受本書影響
141	哲理電氣命數學——子平部	【民國】彭仕勛	命局按三等九級格局、不同術數互通借用
142	《人鑑——命理存驗・命理擷要》(原版足本)附《林庚白家傳》	【民國】林庚白	傳統子平學修正及革新、大量名人名例
143	《命學苑苑刊——新命》(第一集)附《名造評案》《名造類編》等	【民國】林庚白、張一蟠等撰	史上首個以「唯物史觀」來革新子平命學結集
相術類			
144	中西相人探原	【民國】袁樹珊	按人生百歲，所行部位，分類詳載
145	新相術	【美國】李拉克福原著、【民國】沈有乾編譯	通過觀察人的面相身形、色澤舉止等，得知性情、能力、習慣、優缺點等
146	骨相學	【民國】風萍生編著	結合醫學中生理及心理學，影響近代西、日、中相術深遠
147	人心觀破術 附運命與天稟	【日本】管原如庵、加藤孤雁原著，【民國】唐真如譯	觀破人心、運命與天稟的奧妙

148	《人相學之新研究》《看相偶述》合刊	盧毅安	集中外大成，無不奇驗；影響近代香港相術名著
149	冰鑑集	【民國】碧湖鷗客	各家相法精華、相術捷徑、圖文並茂附名人照片
150	《現代人相百面觀》《相人新法》合刊	【民國】吳道子輯	失傳民初相學經典二種 重現人間！
151	性相論	【民國】余晉龢	民初北平公安局專論相學與犯罪專著（犯罪學生物學派）
152	《相法講義》《相理秘旨》合刊	韋千里、孟瘦梅	命理學大家韋千里經典、傳統相術秘籍精華
153	《掌形哲學》附《世界名人掌形》《小傳》	【民國】余萍客	圖文并茂、附歐美名人掌形圖及生平簡介
154	觀察術	【民國】吳貴長	可補充傳統相術之不足
堪輿類			
155	羅經消納正宗	【明】沈昇撰、【明】史自成、丁孟章合纂	失傳四庫存目珍稀風水古籍
156	風水正原		●積德為求地之本，形家必讀！
157	安溪地話（風水正原二集）	【清】余天藻	●純宗形家，與清代欽天監地理風水主張大致相同
158	《蔣子挨星圖》附《玉鑰匙》	傳【清】蔣大鴻等	窺知無常派章仲山一脈真傳奧秘
159	樓宇寶鑑	吳師青	陽宅風水必讀、現代城市樓宇風水看法改革
160	《香港山脈形勢論》《如何應用日景羅經》合刊		香港風水山脈形勢專著
161	三元真諦稿本——讀地理辨正指南		
162	三元陽宅萃篇	【民國】王元極	被譽為蔣大鴻、章仲山後第一人內容直接了當，盡揭三元玄空家之秘
163	王元極增批地理冰海 附批點原本地理冰海	【清】高守中 【民國】王元極	
164	地理辨正發微	【清】唐南雅	極之清楚明白，披肝露膽
165-167	增廣沈氏玄空學 附 仲山宅斷秘繪稿本三種、自得齋地理叢說稿鈔本（上）（中）（下）	【清】沈竹礽	玄空必讀經典！附《仲山宅斷》幾種鈔本及批點本，畫龍點晴、披肝露膽，道中刊印本未點破的秘訣
168-169	巒頭指迷（上）（下）	【清】尹貞夫原著、【民國】何廷珊增訂、批注	圖文并茂：龍、砂、穴、水、星辰九十九變 洩漏天機：蔣大鴻、賴布衣挨星秘訣及用法
170-171	三元地理真傳（兩種）（上）（下）	【清】趙文鳴	蔣大鴻嫡派真傳張仲馨一脈二十種家傳秘本、宅墓案例三十八圖，並附天星擇日
172	三元宅墓圖 附 家傳秘冊		
173	宅運撮要	【民國】尤惜陰（演本法師）、榮柏雲	撮三集《宅運新案》之精要
174	章仲山秘傳玄空斷驗筆記 附 章仲山斷宅圖註	【清】章仲山傳、【清】唐鷺亭纂	無常派玄空不外傳秘中秘！二宅實例有斷驗及改造內容
175	汪氏地理辨正發微 附 地理辨正真本	【清】蔣大鴻、姜垚原著、【清】汪云吾發微	蔣大鴻嫡派張仲馨一脈三元理、法、訣具體泄露
176	蔣大鴻家傳歸厚錄汪氏圖解	【清】蔣大鴻、【清】汪云吾圖解	
177	蔣大鴻嫡傳三元地理秘書十一種批注	【清】蔣大鴻原著、【清】汪云吾、【清】劉樂山註	三百年來最佳《地理辦正》註解！石破天驚！

178	《星氣(卦)通義(蔣大鴻秘本四十八局圖并打劫法)》《天驚秘訣》合刊	題【清】蔣大鴻 著	江西興國真傳三元風水秘本
179	蔣大鴻嫡傳天心相宅秘訣全圖附陽宅指南等秘書五種	【清】蔣大鴻編訂、【清】汪云吾、劉樂山註	蔣大鴻徒張仲馨秘傳陽宅風水「教科書」！
180	家傳三元地理秘書十三種		真天宮之秘 千金不易之寶
181	章仲山門內秘傳《堪輿奇書》附《天心正運》	【清】章仲山傳、【清】華湛恩	直洩無常派章仲山玄空風水不傳之秘
182	《挨星金口訣》、《王元極增批補圖七十二葬法訂本》合刊	[民國]王元極	秘中秘——玄空挨星真訣公開！字字千金！
183-184	《家傳三元古今名墓圖集附謝氏水鉗》《蔣氏三元名墓圖集》合刊(上)(下)	(清)孫景堂，劉樂山，張稼夫	蔣大鴻嫡傳風水宅案、幕講師、蔣大鴻、姜垚等名家多個實例，破禁公開！
185-186	《山洋指迷》足本兩種 附《尋龍歌》(上)(下)	【明】周景一	風水巒頭形家必讀《山洋指迷》足本！
187-196	蔣大鴻嫡傳水龍經注解 附 虛白廬藏珍本水龍經四種(1-10)	【清】蔣大鴻編訂、【清】楊臥雲、汪云吾、劉樂山註	蔣大鴻嫡傳一脈授徒秘笈 希世之寶 千年以來，師師相授之秘旨，破禁公開！完整了解蔣氏嫡派真傳一脈三元理、法、訣！附已知最古《水龍經》鈔本等五種稀見《水龍經》
197	批注地理辨正直解	【清】章仲山	無常派玄空必讀經典未刪改本！
198	《天元五歌闡義》附《元空秘旨》(清刻原本)		
199	心眼指要(清刻原本)		
200	華氏天心正運	【清】華湛恩	
201-202	批注地理辨正再辨直解合編(上)(下)	【清】蔣大鴻原著、【清】姚銘三再註、【清】章仲山直解	失傳姚銘三玄空經典重現人間！名家：沈竹礽、王元極推薦！
203	章仲山注《玄機賦》《元空秘旨》附《口訣中秘訣》《因象求義》等九種合刊	【清】章仲山	近三百年來首次公開！章仲山無常派玄空秘密，和盤托出！章仲山注《玄機賦》及章仲山原傳之口訣及筆記
204	章仲山門內真傳《三元九運挨星篇》《運用篇》《挨星定局篇》《口訣篇》等合刊	【清】章仲山、柯遠峰等	
205	章仲山門內真傳《大玄空秘圖訣》《天驚訣》《飛星要訣》《九星斷略》《得益錄》等合刊	【清】章仲山、冬園子等	
206	撼龍經真義	吳師青註	近代香港名家吳師青必讀經典
207	章仲山嫡傳《翻卦挨星圖》《秘鈔元空秘旨》 附《秘鈔天元五歌闡義》	【清】章仲山傳、【清】王介如輯撰	透露章仲山家傳玄空嫡傳學習次弟及關鍵不傳之秘
208	章仲山嫡傳秘鈔《秘圖》《節錄心眼指要》合刊		
209	《談氏三元地理大玄空實驗》附《談養吾秘稿奇門占驗》	【民國】談養吾撰	史上首次公開「無常派」下卦起星等挨星秘密之書
210	《談氏三元地理濟世淺言》附《打開一條生路》		了解談氏入世的易學卦德爻象思想
211-215	《地理辨正集註》附 《六法金鎖秘》《巒頭指迷真詮》《作法雜綴》等(1-5)	【清】尋緣居士	集《地理辨正》一百零八家註解大成精華匯巒頭及蔣氏、六法、無常、湘楚等秘本史上最大篇幅的《地理辨正》註解
216	三元大玄空地理二宅實驗(足本修正版)	【民國】尤惜陰(演本法師)、榮柏雲撰	三元玄空無常派必讀經典足本修正版

217	蔣徒呂相烈傳《幕講度針》附《元空秘斷》《陰陽法竅》《挨星作用》	【清】呂相烈	蔣大鴻門人呂相烈三元秘本 三百年來首次破禁公開！
218	挨星撮要（蔣徒呂相烈傳）		
219－221	《沈氏玄空挨星圖》《沈註章仲山宅斷未定稿》《沈氏玄空學（四卷原本）》合刊（上中下）	【清】沈竹礽　等	揭開沈氏玄空挨星五行吉凶斷的變化及不同用法 章仲山宅斷未刪本、沈氏玄空學原本佚文、玄空挨星圖稿鈔本　大公開！
222	地理穿透真傳（虛白廬藏清初刻原本）	【清】張九儀	三合天星家宗師張九儀畢生地學精華結集
223－224	地理元合會通二種（上）（下）	【清】姚炳奎	分發兩家（三元、三合）之秘，會通其用 詳解注羅盤（蔣盤、賴盤）；義理、斷驗俱精
其他類			
225	天運占星學　附　商業周期、股市粹言	吳師青	天星預測股市，神準經典
226	易元會運	馬翰如	《皇極經世》配卦以推演世運與國運
三式類			
227	大六壬指南（清初木刻五卷足本）		六壬學占驗課案必讀經典海內善本
228－229	甲遁真授秘集（批注本）（上）（下）	【清】薛鳳祚	明清皇家欽天監秘傳奇門遁甲 奇門、易經、皇極經世結合經典
230	奇門詮正	【民國】曹仁麟	簡易、明白、實用，無師自通！
231	大六壬探源	【民國】袁樹珊	民初三大命理家袁樹珊研究六壬四十餘年代表作
232	遁甲釋要	【民國】徐昂	推衍遁甲、易學、洛書九宮大義！
233	《六壬卦課》《河洛數釋》《演玄》合刊		疏理六壬、河洛數、太玄隱義！
234	六壬指南（【民國】黃企喬）	【民國】黃企喬	失傳經典　大量實例
選擇類			
235	王元極校補天元選擇辨正	原【清】謝少暉輯、【民國】王元極校補	三元地理天星選日必讀
236	王元極選擇辨真全書　附　秘鈔風水選擇訣	【民國】王元極	王元極天昌館選擇之要旨
237	蔣大鴻嫡傳天星選擇秘書注解三種	【清】蔣大鴻編訂、【清】楊臥雲、汪云吾、劉樂山註	蔣大鴻陰陽二宅天星擇日課案例！
238	增補選吉探源	【民國】袁樹珊	按表檢查，按圖索驥：簡易、實用！
239	《八風考略》《九宮撰略》《九宮考辨》合刊	沈瓞民	會通沈氏玄空飛星立極、配卦深義
其他類			
240	《中國原子哲學》附《易世》《易命》	馬翰如	國運、世運的推演及預言